오순덕 제1시조집

생명이 흐르는 강

샘문시선 **2001**
한국문학상 수상 기념 시집
오순덕 시조집

청춘을 불태우던 그 사랑, 어디갔나
이 마음 너와 나의 사랑의 강이련만
날 두고 떠난 님이여 헤매 도는 별인가!

은하수 빛의 향연 헤매는 님 그림자
갈 테면 내 얼굴에 점 하나 찍고 가지
떠난 님 그리운 맘이 눈물방울 되었나

〈별님 사랑, 일부 인용〉

만상에 주의 숨결 꽃단풍 실은 사랑
지상의 낙원같이 천지가 아름답다!
숨 쉬는 가슴속에도 황홀감이 넘치네

세상을 지으신 주 하나님 크신 솜씨
만물에 주 형상을 꽃물결 이루듯이
형형 색 오색 빛으로 꿈결같이 이뤘네

〈꽃단풍에 실은 사랑, 일부 인용〉

긴 세월 어둠 속에 내 모습 묻어두고
품었던 깊은 가슴 열린 맘 찾았구나
잠자던 냉한 가슴에 불꽃처럼 튀누나

참모습 두 팔 벌려 울림을 밝게 비춰
예수님 사랑처럼 세상에 빛 되고파
큰 폭의 발자취 새겨 흠뻑 적셔 보련다

〈시인의 꿈, 일부 인용〉

_____ 님께

_____ 년 _____ 월 _____ 일

_____ 드립니다.

도서출판 샘문

샘문시선 **2001**
한국문학상 수상 기념 시조집

생명이 흐르는 강

오순덕 제1시조집

도서출판 샘문

신들이 쉼 하다가는 천재 시인의 시조집

한국문학상 수상 기념 시조집

생명이 흐르는 강

오순덕 제1시조집

작품을 마치며

천하 만상에 비친 대자연 속에 인간의 삶에 현장에 부딪히는 생사고락을 역사의 흐름과 그 속에 뿌리내린 정서를 바람 같은 세월을 보내며 잉태한 글을 조심스레 생명을 불어넣어 고통스럽게 해산하였습니다.

일찍이 필자는 집안 어르신들이 스승이었고, 그중에 잊지 못할 아버지 절친이신 철학 교수님, 그는 서울, 충청도, 전라도, 경상도를 오가며 저의 집에 머물다 가시며 오빠와 저를 저울질하듯 세뇌를 시켜 주셨습니다.

저의 아버님께 예언하듯 거듭하시는 말씀이 "이 아이를 일반대학 말고 신학을 공부시켜라,"라고 말씀하셨습니다. 철저한 유교 사상으로 점철된 집안, 사회 상황에서도 아버지는 고심 끝에 저를 신학 공부를 시켜 주셨고, "너는 무엇을 하든 어디에 있는 최선을 다하거라,"라는 그 말씀 깊이 새겨가며 지나온 세월에 또다시 수십 년의 세월이 흘렀습니다.

그런데 어느 날, 번개처럼 다가온 존경하는 이양호 세계선교 박사님으로부터 하나님의 음성을 기도 중에 들으셨다며 시를 쓰라는 명령에 깜짝 놀랐습니다.

지나온 필자의 긴 여정에서 철학 교수님의 그 간절하신 음성이 떠올랐고, 너무도 놀랍고 두려운 맘으로 거절을 했지만, 박사님의 전화 음성은 "안 쓰면 하나님께 혼나요,"

여는 글

라는 이 한마디에 "하나님께 저는 못 해요. 어떻게 해요?"라고 버텼습니다. 그러나 저를 늘 설득하시고 동기부여해주시고 지도해주신 이양호 박사님께서 그 후 저의 일상을 글 쓰는 일로 일관하게 하셨습니다. 그러다 삼일 기도를 하는 중에 "길"이란 시가 나왔고 이처럼 좋은 소질을 묵혀 놓았냐며 이양호 박사님께서 감동을 주셨습니다. 고마우신 분 이양호 박사님께 무한한 감사를 드립니다.

이후 오빠 오세영 시인의 권유로 "시조를 써봐라, 우리 조상님의 DNA가 있어서 너는 해낼 것이다." 또다시 뚱딴지같은 말씀에 갈피를 못 잡고 "난 못 해요 싫어요, 못 해." 거절을 거듭한 대답의 글이 시조로써 오빠를 감동하게 했고, 기도 중에 찬송시가 탄생하였고, 그 시가 작곡에 반영되어 노래로 작품을 날개를 달았습니다.

그리고 지속적으로 제 글을 보는 분들의 호응이 좋았기에 두려운 맘 내려놓고 용감하게 첫 작품들을 창작해나갔습니다. 이는 전적 하나님이 제 마음을 움직여 펜을 들게 하셨습니다. 그리고 날마다 새로운 길을 걷게 하신 주님은 성경 말씀의 영적 지도자이심을 깨닫게 되었고, 위에 언급한 세 분께 머리 숙여 감사의 말씀드립니다.

그리고 필자의 시문학 인생의 결정적으로 은혜를 주신 사단법인 문학그룹샘문의 이사장님이시고 대림대학교 주임교수님이시며, 네이버 선정, 교보문고 선정 베스트셀러를 5권이나 수년간 하시고 교보문고 광화문 전시매장 골든존에도 수년간 등극하신 저명하신 이정록 교수님께서 많은 작품지도와 인생 편달을 해 주셨습니다. 그리고 한용운문학상과 한국문학상을 수상하게 지도해 주셔서 필자의 시격을 높여 주시고, 시인으로서의 존재감을 높여 주신 필자의 스승님이신 이정록 교수님께 엎드려 절을 올립니다. 또한 샘문시선 편집부, 출판부 관계자 분들께도 감사를 드립니다.

끝으로 사랑하는 저의 가족들과 친구들 지인들, 또 저를 아시는 모든, 문우님들과 첫 시조집 출간의 기쁨을 함께 하겠습니다. 무한한 감사를 드립니다.
그리고 사랑합니다.

무한하신 하나님의 참사랑으로 살아가고 있습니다. 작은 정성으로 펴낸 제 부족한 글을 읽어주시는 독자님들의 가슴마다 행복한 꽃이 피어나기를 기도하며 이 글을 맺습니다.

2023년 11월 7일

시인 **오 순 덕**(Soon Hyun) 배상

서 문

신들이 머물다가는 천재 시인의 시조집

이정록(시인, 교수, 문학평론가)

바람에 스쳐 가는 옛 문화 깊은 정서가 내 맘에 묻어 있는 그루터기 도려내듯 쌓여 진 오물찌꺼기를 걸러내듯 긴 세월 내 영혼에 단잠을 깨우듯이, 한 편의 시로서 심정을 호소하고, 주님이 주시는 영감 속에 빛나는 글들을 마음에 양심과 신앙을 바탕으로 오순덕 시인의 작품은 쓰였습니다.

그는 진솔한 양심과 고백은 어느, 누구의 글에도 엿보지 않은 오직 오순덕 저자만의 독자적 독특한 기법을 써서 이 시집까지 발간하게 되었습니다. 오순덕 시인은 한 토막의 글이라도 독자들에게 깊은 여운을 남기고픈 마음으로 많은 이들에게 행복의 바이러스를 안겨주면 좋겠다는 심정으로 옛 문화 정서를 비롯하여 현시대의 감각을 노출하면서 후세에 또 이 시대를 아울러 이후의 세대에 조금이라도 영향력이 될만한 시대정신과 보편적 가치가 있는 글을 토해내려고 밤을 하얗게 새웠던 것 같습니다. 모쪼록 이해와 관용과 관심으로 독자님들의 마음에 심금이 울렸으면 좋겠다는 소망을 가져봅니다.

오순덕 시인은 하나님은 이 세상의 주인이시라, 하나님의 음성과 권능을 자연을 통해 전달받고 터득해 가면서 모두의 심령 속에 알곡이 되어 천상의 백성이 되기를 기도합니다.

서 문

하나님과 세상의 모든 신들께서는 오순덕 시인의 시조 속에서 망중한을 즐기시며 머물다 가십니다. 오순덕 시인 그는 천재 시인입니다. 시인의 작품들을 탐독하시는 순간 그가 천재적이라는 것을 아실 것입니다. 신들이 머물며 쉬었다 가시는 천재 시인의 시조집을 일독을 권하니 많이 사랑해달라는 말씀을 끝으로 이 글을 맺습니다.

> 평설

시를 지팡이 삼아
신앙적 사유로의 초극超克

강소이(시인, 수필가, 문학평론가)

1. 머리말

오순덕 시인의 시편에는 정갈한 율조 속에, 깊이 사유하는 시의 울림, 영혼의 웅비가 있다. 한 사람의 인간, 여성으로 겪은 여린 감수성에 머물지 않고 현실참여 – 세태 풍자적인 앙가주망 적 시편들도 보인다. 그리고 님의 상실과 부재를 시를 지팡이 삼아, 기독교적 신앙관으로 세상을 보는 시 세계를 보인다.

시조는 고려말에 발생하여 현대 시대, 오늘날까지 지어지고 향유되며 장수長壽하고 있다. 경기체가나 향가 등의 다른 시가에 비해, 시조는 우리나라 민족 정서에 걸맞으므로 현대까지 장수하는 것이다. 3·4, 3·4, 3·5, 4·3의 엄격한 음수율을 지키는 정격시조는 고려말과 조선 초에 귀족층의 전유물이었다. 임진왜란과 병자호란 등의 사회적 위기와 혼란기를 겪으면서 엇시조와 사설시조가 지어졌고 서민들까지도 시조를 짓는 민중의 시가가 되기도 했다.

정격시조는 엄격한 음수율을 지키면서 흐트러지지 않는 단정한 율격을 통해 정갈한 어조의 운율을 주는 게 매력이다. 오순덕 시인의 「생명이 흐르는 강」의 시편들은 정격시조가 대부분이다. 초/중/종장을 두 행씩 구별하는 구별

> 평 설

배행 시조를 써서 율격의 변화를 주기도 한다. 그러나 대다수 시편은 단정한 정격시조의 율격, 음수율의 리듬감 속에 자신의 정서와 사유, 신앙을 반추해 내고 있다.

2. 시편 들여다보기

오순덕 시인의 「생명이 흐르는 강」의 내용은 크게 여섯 가지로 나눌 수 있다.

1) 사랑하는 이와 이별의 정한을 애틋하게 그려낸 개인 서정을 노래한 시편들

2) 자연과 계절의 정한을 애련의 정서로 담아낸 시편들

3) 미대륙, 그랜캐년, 신시내티, 오하이오강, 미국 산야 횡단길, Eden Park 야외음악당 등과 아메리카 드림을 시로 형상화한 여행 시의 시편들

4) 발전하며 급변하는 사회 현실을 그려내면서, Covid 로 인한 세태를 풍자하는 앙가주망 적 시편들

5) 유교적인 사회에서 자라난 유교적 풍속과 전래 등을 회상, 추억하는 시편들

6) 여호와 하나님에 대한 신앙 시의 시편들. 이 시조집의 기저가 되는 주된 주제라고 하겠다.

〈1〉
〈별님 사랑〉, 〈바람 따라가는 세월〉, 〈물새야〉, 〈낙엽같은 인생〉, 〈떠나는 님아〉 등의 시는 모두 이별의 정한을 노래했다. 슬픈 정서다. 〈별님 사랑〉, 〈물새야〉의 일부를 살펴보기로 한다.

청춘을 불태우던 그 사랑, 어디갔나
이 마음 너와 나의 사랑의 강이련만
날 두고 떠난 님이여 헤매 도는 별인가

- 〈별님 사랑〉 1연

평설

산천도 푸르건만 네 모습 간데없고
진달래 활짝 웃고 목련화 눈물져도
내 님은 오지를 않고 강바람만 스치네

- 〈물새야〉 일부

"날 두고 떠난 임이여 헤매 도는 별인가"라고 한 구절에서, 님은 "별"이 되었다. 산천이 푸르고, 진달래 활짝 피고, 목련화 눈물져도 "내님은 오지 않고 강바람만 스친다"라고 했다. "님의 부재"를 통한 상실의 고통과 슬픔이다. 오순덕 시인은 사랑하는 님(배우자이든 부모님이든)과 이별했다.

〈바람 따라가는 세월〉 시에서 "추풍에 낙화 되어 가는 님 야속하네"라고 한 것을 보면, 님의 부재는 무성했던 여름 잎이 낙엽 되어, 떨어지는 자연 현상을 보면서 슬픔이 더욱 고조된다. 애련의 마음, 여린 정서는 떨어지는 낙엽 = 떠난 님으로 동일시 된다. 감수성이 예민한 시인의 발로라 하겠다.

그러나 〈시인의 꿈〉이라는 시를 통해, "긴 세월 어둠 속에 내 모습 묻어두고// 품었던 깊은 가슴 얼린 맘 찾았구나/ 잠자던 냉한 가슴에 불꽃처럼 튀누나"라고 했다. 사랑하는 님과 이별 - 임의 부재의 "냉한 가슴"에 머물러 있지 않다. 오순덕 시인은 시를 지팡이 삼아 웅비한다. "예수님 사랑처럼 세상에 빛 되고파// 온 세상 비추는 등대가 되고 싶네/ 내 모습 금빛 날개로 행복하게 살고파"로 웅비한다.

긴 세월 어둠 속에 내 모습 묻어두고
품었던 깊은 가슴 열린 맘 찾았구나
잠자던 냉한 가슴에 불꽃처럼 튀누나

평 설

참모습 두 팔 벌려 울림을 밝게 비춰
예수님 사랑처럼 세상에 빛 되고파
큰 폭의 발자취 새겨 흠뻑 적셔 보런다

- 〈시인의 꿈〉 일부

서문에서 오순덕 시인이 밝혔듯이, 신학을 하게 되고 시를 쓰게 된 것은 모두 신의 인도하심이며, 우주의 큰 섭리로 작용하였다. 하여 오순덕 시집 「생명이 흐르는 강」의 기저는 신앙고백이다. 오 시인의 세계관과 가치관, 그의 눈에는 주님의 섭리와 주님의 사랑만이 보인다. 미국이나 계룡산 여행 등 여행지에 가서도 마찬가지다. 세상은 마음에 빚은 대로 보인다고 했다.

〈2〉
〈호반정경〉, 〈목련화〉, 〈정을 두고〉, 〈목련화 낙화의 눈물〉, 〈동산 숲〉, 〈새봄 날개〉, 〈소나무〉, 〈계룡산, 운치〉, 〈가을비 눈물〉, 〈낙엽에 띄운 사랑〉은 모두 자연을 예찬한 시편들이다. 오순덕 시인은 남들과 달리 여행을 좋아하고 여행할 기회도 많은 윤택한 시간의 소유자다. 미국을 횡단하기도 하고 미국 신시내티에서 거주하기도 한다. 남들과 달리 미국이라는 특별한 공간적 배경을 시의 소재로 삼기도 했다. 그곳의 풍광을 연시조로 묘사하면서, 어김없이 주님의 놀라운 솜씨 - 창조주 하나님의 손길을 잊지 않는다. 그의 생각의 알파는 하나님이고, 오메가도 하나님인 것이다. 그리하여 이 시집의 대부분의 시에 흐르는 기조는 신앙이다.

〈미대륙 횡단 기행〉 5연에서 "눈길은 사방팔방 환상에 젖어오고/전능자 이루신 세상 본 자만이 알리라"고 했다. 미대륙을 횡단하면서, 천지를 창조하신 전능자의 솜씨를

> 평 설

찬탄하고 있다. 7연 "창조주 하나님은 세상을 지으시며/온 갖 것 아낌없이 가슴을 열어 놓고/지상에 부어주신 뜻 감사가 절로 났네"가 그것이다. 〈그랜캐년의 광기〉에서도 갖가지 기암 석을 보며, "하나님 권능의 숨결 무궁무진 하다네// 하나님 말씀 귀한 걸 아로새긴 것 같네"라고 했다. 그곳이 한국이든 미국이든, 오순덕 시인의 눈에 보이는 세상의 모든 풍광 속에서 창조주 하나님을 본다. 하나님의 섭리를 읽어낸다.

작품 해설을 위해 오순덕 시인의 시집을 몇 번 통독하면서, 오순덕 시인이 여행한 여행지에 다녀와서 쓴 기행시 어디에서나 주님의 놀라운 솜씨와 감사의 시편을 발견할 수 있었다. 그의 눈은 하나님께 고정되어 있음을 알 수 있었다. 대표로 〈새봄 날개〉를 살펴보자.

강산에 들창 열어 새봄을 노래하네
시냇가 버들가지 봄 처녀 맞이하면
춘풍에 실려 온 사랑 그대 얼굴 만지리

태양도 임을 보고 웃으며 달려오고
사랑의 목마름을 봄비로 적시누나
비단옷 곱게 입고서 양지쪽에 앉았네

화려한 꽃구름에 치마폭 감싸주듯
꽃향기 가득 싣고 임 얼굴 맞이하며
벌 나비 환영 축제로 신바람이 났구나

벌거숭 나뭇가지 푸른 잎, 옷 두르면
온갖 새 합창 소리 산울림 쾌적하고
숲속에 둥지 틀고서 새봄 찬양 할거야

— 〈새봄 날개〉 전문

평 설

　심지어 〈새봄 날개〉라는 시에서조차 새봄이 온 경이로움을 "버들가지, 꽃구름, 벌 나비, 온갖 새 합창 소리, 꽃향기" 등의 이미지로 형상화하면서도 어김없이 "온갖 새 둥지 틀고서 새봄을 찬양한다"고 했다. 새봄을 찬양하는 온갖 새들에게 자신의 찬양하고픈 심정을 이입하여 "하나님을 찬양"하고 있다. 감정이입 이라고 하겠다. 〈낙엽에 띄운 사랑〉에서도 지는 꽃단풍을 보며, "황홀한 오색 물결 주님 솜씨 놀랍다"고 했다.

〈3〉
　〈추억의 향기〉, 〈오하이오강〉, 〈미국 산야 횡단길〉, 〈Eden Park 야외음악당〉, 〈아메리카 드림〉의 시편들은 모두 미국 여행 후에 쓴 기행시다. 미국 풍경에 대한 찬탄이며 감동을 그렸다. 〈Eden Park 야외음악당〉에 녹음이 우거진 나무 그늘 인적 없는 곳에 앉으니, "신선이 따로 없다"라고 했다. 이곳에서 손녀가 바이올린 연주했던 것을 추억하며 행복감에 젖는 시다. 이 시를 읽으니, 정철의 「관동별곡」에서 정철이 꿈에서 보았다는 "신선"이 떠오른다. Eden Park 야외음악당 녹음이 우거진 나무 그늘에 앉아 있는 자기 자신을 신선이 된 것 같다는 발상은 전통과 고전에 닿아있다.

〈4〉
　〈구름에 비친 죄와 벌〉 외 22여 편의 시에서는 오순덕 시인의 세계관과 가치관인 신앙 - 인간의 죄악, 세상 풍조, 예수의 구원 사역, 십자가 고통, 인간의 회개, 하나님의 계획, 섭리, 선교 등을 직접 드러낸 신앙 시가 강렬하게 그려지고 있다. 〈추억에 젖은 사랑〉과 〈추억에 젖은 공원〉에서 신시내티의 아름다운 정경 속에 철 따라 피는 꽃과 흐르는 강물을 보며 "에덴"이라고 표현했다. 새벽길

평 설

5분 거리 동산에 오르며 주 음성을 듣는 곳이라는 묘사는 부드럽다. 그러나 대부분의 신앙 시는 격렬한 분노와 타락한 세상에 대한 경고를 강한 어투로 표현하고 있다. 〈말세지말 인간 세상〉에서 현실 세태를 묘사하면서, "죄인들 기고만장에 주님 가슴 멍드네"라고 기독교적 세계관으로 개탄하고 있다.

> 내 조국 국정 난리 서로가 물고 뜯고
> 나라가 휘청이는 진영싸움 시끌벅적
> 죄인들 기고만장에 주님 가슴 멍 드네
>   - 중략 -
> 사람아, 주를 보라 우리의 인생살이
> 단 한 번 왔다 가며 못 볼 것 너무 본다
> 지지고, 볶아만 대고 반성 성찰 없구나
>
> 이웃이 사촌보다 더 좋단 그 옛말이
> 어찌해 그 사랑이 저 멀리 사라졌나
> 낙후된 인간 세상은 홀로서기 처연타
>
>   - 〈말세지말 인간 세상〉 일부

이 시조에서도 인간의 세상을 "반성 성찰 없구나"라고 한탄하고 있다. 고려말과 조선 초 사대부들의 향유물이었던 정격시조에서 흔히 보이던 시 쓰기 정조를 잇고 있다고 하겠다.

〈5〉
시인은 자기 자신 가슴에 응어리를 털어내는 개인 서정시, 신변잡기의 시를 쓰는 것에서 도약해야 한다. 시대의 아픔과 고통과 변화를 감지하고 읽어내고 시로 초극해야 한다. 이육사의 〈광야〉가 그랬고, 심훈의 〈그날이 오면〉이 그랬고, 이상화의 〈빼앗긴 들에도 봄은 오는가〉가 그랬다.

평설

마찬가지로 오순덕 시인도 전 세계의 고통인 코비드의 현실을 외면하지 못하는 앙가주망의 시작詩作 태도를 보인다. 〈꿈의 요람, 우주〉, 〈황천객 참상〉, 〈코비의 비극〉, 〈경자야 가거라〉 등이 그것이다. 일어나지 말아야 할 일이 온 세계를 시련에 빠뜨렸고, 많은 생명을 앗아갔고, 불안에 떨게 했다. 이런 세태를 풍자하고 한탄하면서 세계적인 코비드 비극을 겪었으나, 경자년 2020년을 보내는 세모에도 코비드 시대가 막을 내리길 기원한다. 코비드 대신 "행복의 바이러스 힘 있게 몰고 오면/ 이 세상 너를 반겨서 기쁨으로 맞으리// 사랑의 마음 열고 주님 찬양 하리라"라고 신앙시로 귀결 짖는다. 코로나 바이러스 대신 행복 바이러스가 오길 기도하는 시인의 절대적 기원일 것이다.

> 경자년 잘 가거라 다시 올 그해에는
> 행복의 바이러스 힘있게 몰고 오면
> 이 세상 너를 반겨서 기쁨으로 맞으리
>
> 온 세상 빛의 광채 지구가 빛나리라
> 평화의 깃발 들고 주님을 맞이하며
> 사랑의 마음 열고서 주님 찬양 하리라
>
> - 〈**경자야 가거라**〉

이 시조는 현실 세태를 풍자하고 염려하는 시인의 시인된 태도와 함께, 시를 지팡이 삼아 어렵고 힘든 현실을 초극하고자 하는 시심을 강하게 표현한 것이라 하겠다.

사실, 기독교를 신앙으로 갖고 있는 시인들은 신앙시를 많이 쓰는 게 사실이다. 신앙시를 구약성서 아가書의 글귀처럼 은유와 비유로 이미지로 형상화하는 일은 쉽지 않은 일이다. 이미지로 형상화하여 비신자들에게 거부감을 주지 않고 감동과 위안을 주기란 쉽지 않은 일이다.

평설

⟨6⟩

 오순덕 시인의 어린 시절의 추억을 회고하며 전래와 옛 풍습을 시로 그린 시편들은, 이 시집만이 가진 독특한 매력이다. ⟨옛 시골 장터⟩ 외 31편의 시에는 오순덕 시인의 어린 시절 추억 속에 녹아있는 정서가 담겨있다. 서당, 옷감 문화, 명절날, 소달구지, 시집가던 옛 시절, 벌레 떼, 뒷간의 역사, 연자방아 절구통, 학독 통, 가마솥 뚜껑, 무명옷의 전래, 디딜방아, 학교 앞 점방, 서당 공부 등은 현대 사회에서는 찾아보기 힘든 소재이며 옛 문화가 되었다. 지나간 것들에 대한 향수의 수준에 머물지 않고 오순덕 시인은 그것에 의미 부여를 하며 정겨운 시골 풍경과 정을 그려내고 있다. 오순덕 시인의 시집 「생명이 흐르는 강」에서만 느낄 수 있는, 정조라 하겠다. 시 쓰기의 기법을 "말하기"와 "이미지로 보여주기"로 양분한다면, 오순덕 시인의 시는 대부분 "말하기 기법"으로 쓰여졌다. 난해하거나 비틀어서 표현하는 법이 없이, 지나간 풍습과 추억을 말하고 있다. 그중에 ⟨보리 개떡⟩ 시를 읽어보자.

  가난에 찌들어서 먹을 것 없던 시절
  밀보리 등겨 가루 밥솥에 보리 개떡
  배곯던 옛사람들은 감지덕지, 했다네

 - ⟨보리 개떡⟩

 요즘은 먹거리가 풍부해졌다. 서양 음식과 길거리 음식, 간식거리까지 풍부하여 오히려 성인뿐 아니라 소아 비만까지 염려되는 시대가 되었다. 그러나 불과 몇십 년 전까지만 해도 먹을 것이 없어서 배를 곯던 보릿고개 시절이 있었다. 지금은 특식이 되어버린 보리 개떡에 대한 추억이다. "이미지의 형상화"보다는 "배곯던 옛사람들"의 애환을 "말하기"의 표현 방식으로 표현하고 있다. 신문화가 변천한

> 평 설

시대에 애잔한 느낌을 주는 시다. 시대가 변했고, 사라져 가는 옛 문화와 풍습은 기억과 추억 속에서만 존재하리라.

3. 맺는말

지금까지 오순덕 시인의 시집 〈생명이 흐르는 강〉에 나타난 여섯 가지 내용의 면면을 간단히 살펴보았다.

정갈한 정격시조의 율격으로 담아낸 그의 서정 자아는 슬픈 듯 보였으나, 따뜻함이 흘러넘쳐서 널리 애린愛隣의 정서로 연결되는 것을 보았다. 단시조의 간결함을 보이기도 했고, 연시조의 유장함과 유연함을 통해서 미적 자질을 보이기도 했다. 사랑하는 님과 이별한 슬픔의 정한을 신앙시로 견인하고 있으며, 현실 사회의 세태를 격렬하게 개탄하는 강한 어조를 보이기도 했다. 그는 천재적인 감각과 감성으로 여러 여행지를 여행하거나 계절의 변화, 자연물을 보면서도 오순덕 시인은 신의 숨결과 섭리를 온 맘으로 읽어내고 있다. 신앙은 그의 시의 알파와 오메가로 보인다. 또한, 이 시집이 다른 시집과 변별되게 독특한 것은 옛 정서를 담아내고 있다는 것이다. 많은 이들에게, 독자들에게 공감과 위안, 카타르시스와 지팡이가 되길 기원하며 첫 시조집 출간을 감축드리며 문운창대를 기원하며 글을 맺는다.

한국문학상 수상 기념 시조집

생명이 흐르는 강

오순덕 제1시조집

목 차

작품을 마치며 / 4

신들이 머물다가는 천재 시인의 시조집
　　　　　　　이정록(시인, 교수, 문학평론가) / 7

시를 지팡이 삼아 신앙적 사유로의 초극
　　　　　　　강소이(시인, 수필가, 문학평론가) / 9

제1부 꽃단풍에 실은 사랑

새봄 날개 / 26
별님 사랑 / 27
별빛 흐르는 강 / 28
물새야 / 29
꽃길 따라 / 30
동산 숲 / 31
목련화 / 32
목련화 낙화의 눈물 / 33
정을 두고 / 34
행복 / 35
호반정경 湖畔情景 / 36
가을의 청취 / 37
꽃단풍에 실은 사랑 / 38
갈바람 숨소리 / 39
낙엽에 띄운 사랑 / 40
가을비 눈물 / 41
떠나는 님아 / 42
낙엽 같은 인생 / 43
나그네 인생 / 44
바람 따라가는 세월 / 45
가는 세월 / 46
임의 노래 / 47
망향 / 48
바람아 / 49
소망 / 50

제2부 시인의 꿈

시인의 꿈 / 52
꿈동산 / 53
예수님 손잡고 가세 / 54
격동의 세월 / 55
구원 / 56
주님 사랑 / 57
힘내자 아자아자 / 58
상한 갈대 / 59
춤추는 날개 / 60
천상의 향기 / 61
주의 음성 / 62
죄악 세상 / 63
여명의 빛 / 64
추억에 젖은 공원 / 65
주님 따라가는 길 / 66
천지창조 / 67
말세지말 인간 세상 / 68
구름에 비친 죄와 벌 / 70
지상 낙원의 예찬 / 72
신비로운 님의 숨결 / 74

제3부 산수절경을 바라보며

아메리카 드림 / 76
미국 산야 횡단길 / 77
미대륙 횡단 기행 / 78
Eden Park 야외 음악당 / 80
오하이오강 / 81
그랜캐년의 광기 / 82
추억의 향기 / 84
추억에 젖은 사랑 / 85
검은 산맥 오르며 / 86
산수절경 돌아보며 / 88
아! 자랑스러운 나의 조국 / 90
소나무 / 92
계룡산의 정기 / 93
계룡산 목탁 소리 / 94
계룡산, 운치 / 95
풍월 같은 남북통일 / 96
황천객 참상 / 97
희망가 / 98
코비의 비극 / 99
경자야 가거라 / 100

제4부　세상 풍조

세상 풍조 / 102
꿈의 요람, 우주 / 103
그 옛적 보따리 장사 / 104
옛 시골 장터 / 105
한가위 추석 명절 / 106
할아버지 / 107
부모님 거지 대접 / 108
아버지 글 읽는 소리 / 109
학교길 점방 / 110
장가가던 날 / 111
가문의 위상 / 112
시집가던 옛 시절 / 113
관혼상제 혼례식 / 114
남녀 칠 세 부동석 / 115
옛 시대 열녀풍속 / 116
효부 며느리 / 117
보물 같은 아들 며느리 / 118
동네 방송 스피커 / 119
목욕탕 없던 시절 / 120
소달구지 / 121
국밥집 / 122
벌레떼 / 123
뒷간의 역사 / 124
똥오줌이 명약이라 / 125
똥지게 비극 / 126

제5부 꽃중의 꽃

연자방아 / 128
디딜방아 / 129
절구통 / 130
학독 통 / 130
가마 솥뚜껑 / 131
전염병 / 131
구호물자 / 132
무명옷의 전래 / 132
신발의 변천 / 133
쪽 바가지 / 133
서당 공부 / 134
서당 / 135
꽃 중의 꽃 / 135
사랑의 향기 / 136
옷감 문화 / 136
명절날 / 137
울 할머니 신부 단장 / 137
효도하라 / 138
효자상 / 138
충효 사상 / 139
물레방앗간 / 139
방앗간 / 140
기계방아 / 140
빨래터 / 141
보리 개떡 / 141

제 1 부

꽃단풍에 실은 사랑

새봄 날개

강산에 들창 열어 새봄을 노래하네
시냇가 버들가지 봄 처녀 맞이하면
춘풍에 실려 온 사랑 그대 얼굴 만지리

태양도 임을 보고 웃으며 달려오고
사랑의 목마름을 봄비로 적시누나
비단옷 곱게 입고서 양지쪽에 앉았네

화려한 꽃구름에 치마폭 감싸주듯
꽃향기 가득 싣고 임 얼굴 맞이하며
벌 나비 환영 축제로 신바람이 났구나

벌거숭 나뭇가지 푸른 잎 옷 두르면
온갖 새 합창 소리 산울림 쾌적하고
숲속에 둥지 틀고서 새봄 찬양 할거야

별님 사랑

청춘을 불태우던 그 사랑, 어디갔나
이 마음 너와 나의 사랑의 강이련만
날 두고 떠난 님이여 헤매 도는 별인가

은하수 빛의 향연 헤매는 님 그림자
갈 테면 내 얼굴에 점 하나 찍고 가지
떠난 님 그리운 맘이 눈물방울 되었나

은하수 물결 위에 떠도는 견우직녀
북극성 바라보며 먼 하늘 손짓하네
멈춰라, 가는 세월아 네 꼬리가 길구나

별빛 흐르는 강

밤하늘 별빛 무리 사랑이 흐르는 강
꿈 실은 은하 세계 황홀한 별천지라
낭만을 실은 영혼이 날개 달고 떠도네

창공을 활짝 열고 님 얼굴 그려보네
꿈 실은 별빛 사랑 내 눈에 반짝이고
고요히 얼굴 내밀며 끝없는 길 맴도네

황량한 별빛 세계 하늘의 생명체들
만물이 소성할 때 희망을 속삭이듯
어둠을 헤쳐가면서 은빛 날개 비추네

세상에 미련 두고 님 모습 쫓지 마라
님 찾아가는 길은 꽃길이 열려 있고
허공에 떠도는 별빛 님의 숨결 같아라

물새야

굽이친 물결 위에 유유히 날던 님아
님 찾아 떠난 길이 수만 리 멀리 드냐
아직도 오지 않는 님 애달픔만 달랜다

산천도 푸르건만 네 모습 간데없고
진달래 활짝 웃고 목련화 눈물져도
내 님은 오지를 않고 강바람만 스치네

맘 시린 가슴 안고 옛 생각 젖어 드니
여울진 강 언덕에 네 모습 아련하다
그 님은 어디로 갔나 옛 추억만 더듬네

찬바람 날개 저어 먼 길로 떠난 님아
창공에 날던 모습 눈앞에 어리는데
강물은 흘러가는데 그 언제나 오려나

꽃길 따라

오래전 여기 살다 벼르고 와 있는데
가는 날 장날인가 문 꼭꼭 잠겨졌네
식물원 꽃구경하고 맘껏 즐겨 볼 텐데

아쉬운 미련만이 텅 빈 맘 쓰다듬네
오랫적 이 자리는 그대로 서 있구나
주위에 자란 숲들만 무게 잡고 서 있네

쓸쓸한 맘 사리며 뒤돌아 서는 발길
시원한 바람결은 꽃향기 실어주니
코끝에 스치는 향기 내 마음을 녹이네

맴도는 향기 넘쳐 이 발길 사로잡아
꽃가지 내 손잡고 내 발길 멈추라네
어쩌다 오늘 같은 날 이 마음을 훔치나

동산 숲

울창한 나물들은 옛 애기 들려주며
꽃들은 지난 세월 추억을 물으라네
바람도 내 얼굴 스쳐 잡지 말고 가라네

하늘에 뭉게구름 날 보고 손짓하며
님 얼굴 찾는 발길 웃으며 가라 하고
서늘한 그늘 속에서 내 옷자락 붙잡네

온갖 새 지저귀며 동산에 향기롭고
나무숲 얼굴 가려 그 모습 숨겨가며
흥거운 노랫소리로 내 맘 달래 주는데

푸른 잎 숨 쉬면서 주 숨결 품어주고
우거진 숲 거닐며 동산에 물들인 맘
봄 향기 흠뻑 적시며 부푼 가슴 펼치네

목련화

긴긴밤 찬 바람에 목 높아 울던 너를
설한에 얼은 가슴 훈풍이 녹여주나
품속에 사무친 순정 사랑 안고 왔더냐

순결한 너의 모습 꿈속에 여인 같고
태양 별 찬란하게 네 얼굴 비치누나
설레는 부푼 가슴에 새봄 노래 부른다

목련화 피어나면 꽃바람 향기롭고
천상의 꽃구름이, 님의 향 실어 오면
내 품에 안긴 사랑아, 설렌 가슴 녹여라

목련화 낙화의 눈물

혹한도 견뎌내는 내 품은 사랑인데
애절한 그 사랑을 빗속에 묻히느냐
시들어 낙화 되는 꽃 땅속에 또 묻히네

임 얼굴 고운 자태 이 마음 빼앗더니
고별의 시린 가슴 애달게 하는구나
사랑도 흐느끼면서 세월 따라, 가는가

사랑이 별거더냐 떠나면 그만인데
꽃잎에 물든 사랑 미련도 똑같구나
임의 향 빗속에 젖어 애처롭게 떠나네

정을 두고

신선한 산들바람 옷깃을 스치는데
땀방울 씻어주며 내 마음 건드리네
여기서 살던 그때가 그 얼마나 좋았나

공원 숲 맑은 공기 관람객 여기저기
먼 곳도 멀다 않고 밀리는 차량 넘어
곳곳에 모여 앉아서 해피데이 즐기네

물오리 떠다니며 연못에 헤엄치고
푸른 숲 잔디 위에 꽃물결 향기롭네
세월아 강물 따라서 저 강가에 멈춰라

내 맘에 새긴 정이 이곳이 좋았어라
내 여기 떠났더니 미련만 남는구나
사랑에 젖은 향수만 가슴 안고 가련다

행복

마음을 활짝 열어
기쁨을 만끽하면
사랑의 황금마차
별 위에 얹어 보라
내 별은 꿈속의 사랑
행복 날개, 된다오

차오른 기쁨들이
영혼을 노래하고
행복은 내 안에서
춤추자, 하는구나
큰 기쁨 사랑의 열정
샘솟는 듯 한다네

호반정경 湖畔情景

녹지대 우거진 숲 물 위에 비쳐오고
암탉이 둥지 틀 듯 중앙에 품은 자리
하늘에 치솟는 물결 은빛 날개 같아라

드넓은 푸른 잔디 호반에 둘러싸고
푸른 숲 병풍 둘러 장관을 이뤘는데
발길은 멈추질 않고 끝도 없이 맴도네

눈길을 사로잡는 팔각정 우뚝 솟아
주변에 돌고 도는 산언덕 공원 경치
푸른 꿈 가슴 열고서 맑은 공기 쐬우네

이리로 돌아가도 공원길 열려 있고
저리로 넘어가도 피안의 그림 같은
동산에 향기 넘치는 아름다운 곳이라

가을의 청취

임 숨결 넘쳐나는 낭만의 품속에는
싱그런 생동감이 지상에 피어나고
비단결 고운 무지개 온 세상을 띄우네

나뭇잎 살랑이는 신선한 갈바람은
젖은 땀 씻어주며 사랑을 품는구나
휘황찬 새 옷 단장에 넘실넘실 춤추네

황금벌 만삭되어 강산에 물들이며
산수의 절경풍은 환희의 물결 일고
꿈나라 베일에 싸인 금의환향 같아라

청명한 하늘가엔 새하얀 뭉게구름
먹구름 사라지고 두둥실, 신비롭다
날아든 가을바람은 황홀 찬란 빛나네

눈길만 마주쳐도 사랑을 품어주고
꽃바람 사랑 실어 천만년 지고 가네
흐르는 세월 겹겹이 미련만을 남기네

꽃단풍에 실은 사랑

만상에 주의 숨결 꽃단풍 실은 사랑
지상의 낙원같이 천지가 아름답다
숨 쉬는 가슴속에도 황홀감이 넘치네

세상을 지으신 주 하나님 크신 솜씨
만물에 주 형상을 꽃물결 이루듯이
형형 색 오색 빛으로 꿈결같이 이뤘네

인간을 지으시며 사랑을 품으신 주
세상을 사랑하사 금빛을 드리우듯
사계절 천하 만상을 주의 숨결 채웠네

바람에 실려 오는 만 가지 꽃물결이
하늘에 드리워진 황홀한 무지갯빛
이 땅에 주의 섭리를 깨달음이 깊도다

갈바람 숨소리

싸늘한 밤공기는 숨소리 갸냘프다
방안을 가는 채운 온기를 뺏어가네
땀방울 옷 적시더니 이불 덮고 자라네

온 들녘 물결치며 황금벌 수를 놓고
산야를 드리워진 황혼길 저어가면
꽃단풍 사랑 노래가 천지 사방 춤추네

바람은 세월 따라 멋대로 춤을 추고
거센 풍, 파도 넘어 지칠 줄 모르는데
지상에 휘감는 소리 끝도 없이 휘젓네

벼랑 끝 넘나들며 천하를 휘어잡고
무수한 바람 날개 산산이 부서지며
흔적도 없는 네 모습 숨소리만 드높다

낙엽에 띄운 사랑

드높은 창공 위에 갈바람 날아드니
꽃단풍 불타는 듯 신비롬 극치구나
황홀한 오색 물결 주님 솜씨 놀랍네

갖가지 형형색색 가슴에 꽃피우면
차오른 흥미로움 사랑에 젖어 드네
정 주고 떠나는 님아 네 모습이 가엽다

일평생 정든 맘을 품다가 떠나듯이
추풍에 서러운 맘 이별의 순간처럼
꽃피고 지는 낙엽도 인생 역과 같구나

가을비 눈물

온종일 내리는 비 스산한 갈바람은
빗소리 처량하게 소리쳐 외치누나
처마 끝 빗소리마저 나의 애를 채우네

갈잎은 눈물 젖어 가슴을 토하는데
떨어진 옷자락에 목숨을 매달리듯
먹구름 하늘을 덮고 눈물지며 떨치네

가을비 처량하게 곡소리 가냘픈데
떨치는 바람 날개 빗속에 젖어 들며
낙엽은 허공을 저어 소리 없이 잠드네

불타던 꽃단풍은 사랑에 혼을 담고
황홀한 절경 풍이 심장을 녹아들 때
바람은 구름을 타고 들창문만 흔드네

떠나는 님아

찬바람 따라가며 정든 님 손짓하네
잡을 수 없는 날개, 그대 향기 품었건만
이맘에 새긴 사랑을 어이 두고 가시나

갈잎에 새긴 정이 꽃단풍 사랑여라
오작교 사랑일랑 떨치고 가시구려
세월은 너를 붙잡고 훨훨 날아가는데

온산에 눈물 젖듯 떠나는 님의 모습
그 모습 추억 새겨 비속에 녹아들고
처량한 가지 붙들고 슬픈 눈물 흘리네

낙엽 같은 인생

어드매 머물 텐가 목메어 소리치네
차가운 바람결에 네 모습 처량하다
저 먼 길 떠나야 하는 나그네 길 같아라

머물다 갈 곳, 없어 찬바람 타고 가나
추풍에 놀랜 가슴 고운 님 떠나가네
정주고 날개 저으며 무심히도 떠나네

인생길 낙엽처럼 가는 길 똑같구나
세월에 쫓겨가며 청춘을 불태웠지
육신을 흙에 묻히며 열심히도 사는가

나그네 인생

깊은 밤 천둥 번개 천지가 진동해도
비바람 몰아치는 산언덕 굽이굽이
머물다 갈 곳 없으니 허리춤만 휘누나

산 계곡 별천지라 궁궐이 따로 없네
달빛에 등대 삼고 별빛에 사랑 실어
한세상 저물어가도 온갖 것이 내걸세

깊은 산 청정 약수 산천이 풍요롭다
산짐승 울부짖어 심장 등골 꿰뚫어도
나그네 별빛 따라서 산 너머 사라지네

바람 따라가는 세월

웃으며 오던 님이 울면서 가는구나
미련만 두고 가니 애간장 녹아드네
철 따라 새 옷 입고서 춤을 추며 오더니

추풍에 낙화 되어 가는 님 야속하네
사계절 통한 풍에 상처만 두고 가니
꽃구름 사랑 실은 님 나를 두고 가시네

긴 세월 구름같이 미련만 안고 가네
추억에 읽힌 사연 산같이 쌓이는데
농익은 생의 자취도 바람 위에 띄우네

가는 세월

세월아 가려거든 날 두고 떠나다오
네 꼬리 잡으려니 허리춤 휘어진다
인생길 뒤돌아서면 어디든지 갈 텐데

미련이 너무 많아 등짐이 무겁구나
갈 길은 수만 리 길 할 일도 많고 많다
가버린 세월 붙잡고 매달린 듯 뭣하리

긴 여정 세월 속에 꿈많던 그 청춘을
어이해 이다지도 다 앗아가 버렸네
긴긴날 쌓아 올린 것 잡을 것이 없구나

임의 노래

온 세상 흰 눈 덮여 내 맘에 드리우네
임 모습 숨결 이뤄 내 영혼 감싸주고
눈 덮인 발자국마다 내 손잡아 주시네

십자가 사랑으로 꿈 날개 실어주고
죄악에 덮인 세상 흰옷을 입혀주네
순결한 사랑의 향기 백합입술 같아라

참사랑 영혼 속에 큰 감사 넘쳐나고
독수리 힘찬 날개 희망 꿈 펼쳐가듯
저 높은 천상을 향해 임의 얼굴 그리네

망향

애향 길 달래면서 맘 시린 모진 세월
이 마음 고향 산천 꿈속 미로 헤매는데
세월은 날 두고 가네 정처 없이 떠나네

그리움 객이 되어 영혼을 흔들어도
감사로 축복의 길 그 기쁨 내 것이라
인고의 만고풍상은 흰 머리가 증표네

죄악의 검은 구름 보혈의 피로 씻어
십자가 사랑으로 먼 이웃 돌보면서
마지막 가는 이승 길 미소지며 가고파

바람아

낙화암 절벽 끝에 청송이 우는구나
바위틈 강한 뿌리 천만년 살고 지고
내 등에 쉬어가거라 목마름이 시원타

벼랑 끝 낙락장송 설한풍 때리는데
네 입김 쉬어가며 내 등에 업혀다오
지친 몸 기댈 곳 없어 너뿐인가 하노라

벼랑 끝 저 너머에 무지개 떠 있는데
봄소식 오는 소리 바람아 실어 오렴
네 입김 운하를 넘어 목마름을 채워라

소망

평온한 저 바다에 나룻배 떠 있는데
그린 님 오시는가 기다린 세월 가고
저 멀리 돛단배 한 척 날 부르러 왔는가

황혼에 지친 몸을 물결에 씻으면서
청운의 꿈동산을 이제서야 찾았구나
꿈 실은 돛을 달아서 황혼길을 빛내자

천 리길 멀다 마라 뱃길은 만 리 더라
끝없이 세월 가도 참 소망 천국이라
구원의 날개 달았다 풍랑인들 어떠랴

제 2 부

시인의 꿈

시인의 꿈

긴 세월 어둠 속에 내 모습 묻어두고
품었던 깊은 가슴 열린 맘 찾았구나
잠자던 냉한 가슴에 불꽃처럼 튀누나

참모습 두 팔 벌려 울림을 밝게 비춰
예수님 사랑처럼 세상에 빛 되고파
큰 폭의 발자취 새겨 흠뻑 적셔 보련다

내 심령 분출하여 광채를 내고파라
온 세상 비추이는 등대가 되고 싶네
내 모습 금빛 날개로 행복하게 살고파

끝없이 펼쳐지는 온 세상 황금벌판
가득히 밀려드는 행복의 금빛 날개
하늘 뜻 품어 낸 사랑 높고 높은 꿈일세

꿈동산

찬란한 꿈의 동산 나의 주 마중하네
하얀 눈 품에 안긴 순수한 사랑이라
눈송이 산과 들에 소복이 꽃 피우고
정결한 깨끗한 마음 주님 얼굴 보았네

눈 덮인 산등성에 주 음성 들려오고
산가지 온산 둘러 사랑에 젖어가네
꿈 실은 발길마다 소망을 실어 오고
신비한 꿈의 날개가 주님 성전 쌓는다

더럽고 추한 것들 밤새워 덮는구나
얼마나 아름다운 순결한 세상인가
순결한 주의 숨결 동산에 그윽하고
모두가 손을 내밀어 주님의 손 다잡네

예수님 손잡고 가세

예수님 손잡고서 세상 길 걸어보라
어둠의 장막 안에 밝은 빛 비춰주리
소망 꿈 품어가면서 강한 믿음 지켜라

인생길 한번 가면 못 올 길 갈지라도
백골이 땅에 묻혀 분토가 될지라도
주 품에 안긴 사람은 영혼 구원 받으리

최고다 자랑 마라 없다고 기죽지 마
한세상 살아가는 인생길은 똑같은데
마지막 영생의 길은 하늘나라 가는 것

격동의 세월

하늘이 진노하사 통곡의 세월 가네
세상은 역병으로 광풍이 어둠 같고
거센 풍 격동의 세월 멈추지를 않구나

격동의 고난시대 한숨 소리 꺼져가네
허울 속 인간 세상 바람만 차 있는데
차오른 풍월잔치는 구름 잡듯 하구나

하나님 세월 보며 소돔성 예측했나
명예를 돛을 달아 부귀의 깃발 꽂네
세상의 온갖 향락은 광풍 일 듯, 하구나

사람아 회개하라 주님을 바라보라
죄악 된 인간 세상 피로서 구원하신
그 사랑 깨닫지 못해 주님 영접, 않는가

구원

내 작은 가슴 열어 주 품에 안겼어라
주 말씀 사랑으로 내 영혼 감싸주고
날 반겨 주신 주님이 내 손 잡아 주셨네

갈 길을 밝혀주신 주님의 크신 은혜
큰 감사 넘쳐나는 하늘길 열으셨네
참사랑 구원의 손길 내길 인도하셨네

주님 사랑

하나님 생명 말씀 최고의 사랑이라
금보다 귀한 사랑 세상과 못 바꾸리
참마음 은혜 감사를 그 무엇에 비하리

가슴을 열어보라 온갖 것 아름답다
말씀에 새긴 사랑 주 품에 안길 때면
주님은 내 맘속에서 참 기쁨을 주신다

세상에 아픈 상처 주님이 치료하고
고난의 인생길도 포근히 감싸주니
온 세상 귀한 것보다 주님 사랑 최고라

힘내자 아자아자

난관의 끝자락이 발길에 부딪혀도
주님만 붙잡으면 살길은 열려 있네
주사랑 감사하면서 힘을 내서 살 거라

먼 산의 무지개가 희망을 손짓하듯
세상사 인생 여정, 한 폭의 그림 같고
참 소망 품은 가슴은 주님 마음 채워라

천성을 바라보고 주님을 영접하라
품었던 꿈과 행복 가슴을 활짝 열면
달리는 황금마차는 내 곁으로 온다

타오른 용광로에 철판을 녹이듯이
가슴에 품은 뜻을 주님과 동행하라
불타는 가슴 열고서 너의 뜻을 펼쳐라

상한 갈대

인간의 죄악 세상 세파에 쓸려가네
상한 맘 끌어안고 지치고 힘든 영혼
기댈 곳, 없는 세상에 통곡 소리 슬프다

타락한 인간 세상 병들어 쓸어가네
황량한 벌판 같은 어둠의 시대로다
고난 길 민생들만이 삶의 고통 이르네

온 세상 거품 일어 타락은 노를 젓고
백성의 하품 소리 가슴을 울리는데
주님의 음성 소리는 어이 듣지, 못하나

온 땅에 통곡 소리 천지를 뒤흔들고
코비드 암흑시대 찬바람 젖어 드니
통탄의 비극 소리만 지상 위에 치솟네

춤추는 날개

꽃구름 날개 달고 춤추며 오시었나
환희의 물결 이룬 새봄의 축배여라
목마름 흠뻑 적시고 등짐 지고 오셨네

푸르름 옷 입혀서 꽃가마 태우시고
늘어진 가지마다 임 얼굴 드리워서
춤추는 날개 드높여 웃음꽃이 피었네

벌 나비 꿈을 싣고 새봄을 맞이하며
꽃길을 걷는 발길 사랑의 낙원이라
꽃향기 실은 희망길 꿈동산을 이루네

부활의 예수님이 이 땅에 오심같이
마른 잎 가지마다 승천의 기쁨 솟아
꽃물결 넘쳐흐르고 주께 영광 드리네

천상의 향기

꽃향기 흠뻑 적셔 이 마음 뺏어가네
하나님 이룬 동산 그 품에 안겼어라
주님이 내 안에 계셔 크신 사랑 알겠네

숨결이 멎은 듯이 향 내음 감미롭고
오금이, 절이도록 향기에 취해보네
오 주여, 이 큰 행복을 내 맘속에 두소서

사랑을, 안고 가네 꽃물결 지고 가네
황혼에 물든 사랑 가슴에 향기 채워
아버지 품 안에 들 때 이 마음도 드리리

이 동산 꽃향기는 그 옛날 산상 기도
주님이 내려주신 그 향기 똑같구나
천상의 향기 같으니 내 맘 사로잡는다

주의 음성

바람도 살랑이며 주 찬양, 드리는데
우리네 인생들은 허공만, 치는구나
흐르는 물소리마저 주의 음성 차 있네

자연의 신비로움 눈앞에 어리어도
미련한 군상들은 주 음성 듣지 못해
주 찬양, 하지 못하고 세상 속에 물드네

주 사랑 몰라 하니 산천도 신음하고
개천의 피리 소리 강물에 젖는구나
하늘도 비명 지르며 천둥 번개 퍼붓네

죄악 세상

죄악이 젖은 세상 비구름 몰려오듯
공포의 꼬리 달고 코로나 들어붓네
어둠이 온 땅을 덮어 무덤 속에 갇히네

찬바람 핥고 가듯 온 세상 쓸어가네
병들어 누운 몸이 영구에 실려 가고
화장터 타버린 재만 가족 품에 안기네

고통의 이 한 시대 십자가 고통인가
지구도 놀란 듯이 먹구름 쌓여가네
오 주여 병든 영혼들 구원하여 주소서

여명의 빛

천지를 창조하신 하나님 입김이라
만물을 지으신 주 인간을 지으시고
빛으로 세상을 품고 궁창을 열으셨다

만상에 어둠 뚫고 찬란히 비쳐온 빛
하늘에 양기 품어 평화의 상징이라
주 얼굴 비쳐오는 길 새길 인도하시리

만백성 새 희망 길 날개를 펼쳐보라
음지가 양지 되어 꽃바람 날리리라
행복의 꿈이 솟는다, 참 소망을 품어라

부푸른 가슴 품고 새 희망 바라보며
황홀한 빛의 광선 희년을 환호하네
빛으로 생명 되신 주 가슴마다 넘치리

추억에 젖은 공원

넘치는 꽃향기가 내 맘을 사로잡네
숨 쉬는 발길마다 이 몸이 쉬어가니
나그네 발길 잡으며 더 놀다 가라 하나

푸른 잎 숨 쉬면서 내 숨결 안아주네
우거진 숲 거닐 때 동산에 물들인 맘
꽃향기 내 맘 적시고 푸른 가슴 펼치네

내 꿈을 알았던가 이 동산 사랑인걸
일찍이 내 아들이 이곳에 둥지 틀고
어머니 함께 살면서 기도하며 살랬지

그 마음 너무 착해 내 가슴 울렸었네
부모님 사랑하는 아들의 효성심이
그토록 넉넉한 맘이 주님 사랑 같았네

주님 따라가는 길

인생길 험한 세상 어두운 길 가지 마라
주님이 반겨주는 하늘길을 찾아가라
주님 손 꼬옥 잡으면 축복의 길 간다오

내 작은 가슴 열어 주 품에 안길 때면
주 말씀 크신 은혜 구원 길 열어주사
등 뒤에 보호하시며 네길 지켜준다오

영과 육 기쁨 충만 참사랑 넘쳐나고
영생 길 인도하사 희망의 샘이 솟고
온 세상 품은 가슴에 향기 넘쳐흐르리

천지창조

놀라운 주의 섭리 천지를 진동할 제
만고의 형형색색 운구에 메었구나
하늘에 떠도는 날개 천하 만상 뒤덮네

태초에 하나님이 천지를 창조할 때
구름에 덮인 하늘 들창을 열어 놓듯
하늘 문 활짝 여시고 천지창조 하셨나

떠도는 구름 날개 영롱한 우주 세계
주님의 크신 권능 놀랍고 신비롭다
어둠이 덮인 세상에 밝은 빛을 주셨네

말세지말 인간 세상

모르코 나라에서 큰 지진 발생했네
인명이 제천인데 사망자 수천 명에
지구촌 곳곳에서는 온갖 재앙 퍼붓네

세상이 말세인가 전쟁과 기근으로
화마와 수해 재난 아사자 속출하고
생명을 초개와 같이 앗아가고 있구나

산사태 물난리에 산불에 벌거벗어
지구촌 둘러가며 화산이 폭발하고
온난화 땡볕 더위에 기후변화 더하네

쓰나미 밀어붙여 바닷물 둘러업고
인간의 삶의 현장 잔혹히 쓸어가고
주님의 예언 말씀이 생생하게 비친다

예수님 이를 보며 얼마나 아프실까
세상일 오만 가지 불상사 만연하고
땅속에 불덩이 솟아 천연자원 뭉게네

인간의 눈을 뜨고 바라만 보는 세상
마음에 깨달음을 주님은 원컨 만은
무지한 인간군상들 깨우치지 못하네

일찍이 성경 말씀 말세를 증거 하며
이 같은 만국 표상 다 드러내셨건만
아직도 회개 못 하고 죄만 짓고 사는가

내 조국 국정 난리 서로가 물고 뜯고
나라가 휘청이는 진영싸움 시끌벅적
죄인들 기고만장에 주님 가슴 멍드네

이웃과 동지들은 불신만 몰아치고
업치기 덥치기로 눈속임 수치스런
가짜가 판치는 세상 물고 뜯고 난리네

사람아 주를 보라 우리의 인생살이
단 한 번 왔다 가며 못 볼 것 너무 본다
지지고, 볶아만 대고 반성 성찰 없구나

이웃이 사촌보다 더 좋단 그 옛말이
어이해 그 사랑이 저 멀리 사라졌나
낙후된 인간 세상은 홀로서기 처연타

구름에 비친 죄와 벌

하늘의 신비 세계 천상에 구름 띄워
만물을 지으신 주 깨달음 주시누나
세상에 온갖 풍파가 구름 위에 떠가네

모두가 사랑 표현 상상을 초월한다
서로가 마음 주고 한마음 표현하메
뭉쳐라, 힘을 합해라 주님 뜻을 알리네

강하게 뭉치라네 깨질까 두렵다네
잔머리 쓰지 말라 홀리면 망국이다
정신들 바싹 차려라, 홀로서지 말라네

개들은 짖어대고 암탉은 부라리고
상전이 굽신굽신 세상이 혼란하네
먹구름 뒤덮기 전에 사랑 잃지 말라네

개들은 앙탈하고 치닫고 쌈질하며
잘났다 저항하고 억수로 물어뜯고
사랑은 어디로 가고 악어처럼 성났네

가슴에 불이 난 듯 한숨 소리 높아가고
호랑이 등을 타고 성산의 말굽 소리
지옥의 얼굴들 보여 깊은 뜻을 주시네

세상에 휘몰아친 개들의 형상이라
한 나라 두 주인이 쥐새끼 물어뜯듯
기막힌 세상 형국을 적나라하게 펼쳤네

천상이 비춰 주는 개들의 형상 보소
사랑은 고사하고 저항 기운 세차구나
물고 뜯고 할퀴어가며 격분에 차 있구나

지상 낙원의 예찬

흰 구름, 날개 저어 만상에 드리우며
이 땅에 만물에게 꿈 날개 달아주네
사랑을 품어주는 듯 하늘하늘 춤춘다

만물의 영장이라 인간을 조물하고
임 앞에 감사하라 이 땅에 복 주시고
마음껏 누리고 살라 풍요롭게 하셨네

갖가지 언어들로 지상을 채우시고
태초에 조물주의 형상을 닮아가라
하늘에 온갖 보화를 지상 위에 주셨네

하늘 땅 지은 세계 찬란한 광채로다
숨 쉬는 초원 위에 임 숨결 넘쳐나고
꽃들은 활짝이 웃고 향기 품어 올리네

꽃구름 형상 일어 사랑을 품어 내고
활짝이 웃는 얼굴, 임 마중 경이롭다
온갖 새 동산 숲 찾아 합창 소리 드높네

참으로 아름다운 주님의 숨결이여
인간의 지혜 지식 만상에 성을 쌓고
주 찬양 하늘에 차고 천하 만물 황홀타

오호라 주의 숨결 풀어준 사랑이요
온갖 것 풍요로운 운치도 아름답다
세상사 눈부신 현상 황홀 찬란하여라

살얼음 속에서도 사랑의 품이 있고
주님의 가슴 열어 포근히 감싸주는
그 사랑 따스한 품이 얼음장을 녹이네

벌 나비 꽃향기에 춤추며 날아들고
흠뻑이 젖은 가슴 불타는 사랑이라
향그런 입술에 젖어 꿀단지에 빠지네

신비로운 님의 숨결

지상은 낙원 같고 두둥실 뭉게구름
놀랍고 경이로운 참사랑 표현일세
주 숨결 감동의 물결 일깨움이 크도다

오호라 내 사랑아 주 찬양 넘쳐나네
싱그런 초목 향기 만상에 품어 내고
저토록 신비론 형상 어이 구경할까나

참으로 아름답다 영혼이 꿈틀대네
주, 사랑 천하 만상 하늘에 비치건만
이내 맘 세상 속에서 저 기쁨을 알겠나

주 품에 안긴 사랑 지상에 비추시며
하늘에 구름 형상 참사랑이 생동하니
하늘 땅 비춰 준 행복 금지옥엽 같구나

제 3 부

산수절경을 바라보며

아메리카 드림

태평양 바다 건너 둥지를 틀고 나니
먼 하늘 저 구름이 날 보며 손짓해도
떠나온 고향 산천은 애달픔만 깊구나

낯선 땅 오금 절여 숨죽여 보낸 세월
온갖 것 풍요로운 눈요기 볼만해도
내 나라 고급문화는 따를 수가 없더라

자질만 잘 갖추면 어디든 환영하고
최고의 등급 꼴인 윗자리 차지하고
전 분야 한국인 최고 국위선양 하도다

미국 산야 횡단길

천지가 맞닿은 듯 한끝도 없는 터라
온 땅이 황금물결 바다가 춤을 추듯
한없는 횡단길 여행 꿈결 위에 달린다

드높은 산자락에 흰 눈이 덮였어라
옛 바다 산이 되고 온산이 소금이라
그 옛적 자연의 신비 보는 이들 놀랍네

높은 산 절벽 아래 폭포수 우람하고
눈 덮인 산등성에 한여름 땀 식히고
절경의 울창한 숲속 신의 섭리 놀랍네

눈길을 사로잡는 바위산 걸작품들
어쩌면 저렇게도 멋스럽고 아름답나
가던 길 멈추고 나서 시 한 수를 남기다

미대륙 횡단 기행

멀고 먼 대륙 횡단 큰 물결 헤쳐오듯
폭우와 세찬 바람 추위와 무더위에
무한한 지구 표면에 넓은 땅을 보았네

태평양 바다 건너 한국 땅 떠올리며
은방울 쏟아지는 대서양 푸른 바다
여울진 파도 물결에 바람도 노닐더라

광야의 빈 들판엔 하늘이 내려앉듯
잔풀만 깔려있고 바람만 거세구나
뼁 두른 끝머리에는 하늘 땅만 맞닿네

높은 산 두른 절경 설산을 바라보며
검은 산 우뚝 솟아 줄줄이 이어가고
산 아래 사막 벌판은 불볕더위 뜨겁다

필름이 돌아가듯 횡단 길 아름답다
눈길은 사방팔방 환상에 젖어오고
전능자 이루신 세상 본 자만이 알리라

광활한 지평선을 끝없이 달려가도
풍향계 물결처럼 광야를 휘저으며
온 대륙 바람 잡으며 도도하게 돌더라

창조주 하나님은 세상을 지으시며
온갖 것 아낌없이 가슴을 열어 놓고
지상에 부어 주신 뜻 감사가 절로 났네

무한히 펼쳐지는 평원은 낭만이요
들녘의 소 떼들은 한가히 풀을 뜯고
시냇가 연못 위에는 은방울이 튀더라

돌아본 그랜캐년 신의 한 수 놀라워라
첩첩이 둘러싸인 설경 풍경 로키산맥
조물주 높은 위상이 한눈에 다 보였네

계절풍 각주 다른 주 입김 놀라워라
인간의 삶의 현장 참으로 신비롭다
순풍에 돛을 달은 듯 바람 날개 멋지다

Eden Park 야외 음악당

시원한 나무 그늘 봄 향기 젖어 드네
위에는 박물관에 아래는 음악당에
신선한 공원 벤치는 멋진 풍경 이로다

공연장 텅 빈 자리 녹음만 반겨주고
인적도 없는 자리 나 홀로 와 있구나
바람만 스쳐 가는데 흰 구름만 떠도네

그늘에 앉아보니 신선이 따로 없네
해 맑은 하늘 위에 흰 구름 날 반기고
시 한 수 내 맘 달래며 발길 쫓아 떠난다

이 자리 올적마다 온 식구 설랜 가슴
화려한 예능 자랑 수많은 사람 속에
내 손녀 칭찬받으며 바이올린 켰었네

오하이오강

수려한 강줄기는 켄터기 맥을 잇고
흐르는 물길 따라 경치도 아름답다
강 건너 드리운 전경 낙원 동산 같구나

스치는 강바람에 물새도 울고 갔나
유람객 싣던 배는 나루에 묶여 있고
코비드 덮친 물결에 뜬구름만 비치네

병풍을 두른 듯이 민둥산 숲속 같고
고요히 흐른 물결 노 젓는 바람 날개
강물에 띄운 그림자 눈길마다 황홀타

그랜캐년의 광기

청풍의 숲길 따라 목적지 다다르니
소나무 우후죽순 하늘을 찌르는데
천상을 바라보는 맘 흠모의 정, 뜨겁다

눈부신 그랜캐년 광년을 넘나드네
하늘과 땅 사이에 이생과 전생 같은
눈부신 신비로움을 어찌 말로 다하랴

이곳서 저 너머로 건널 수 없는 지경地境
깊은 골 바위 골짝 상상을 초월하네
저 건너 둘러친 절벽 지옥문과 같구나

음부를 가로막은 악마의 협곡 같고
그 안에 형형색색 무수한 형상들은
구렁의 지옥문처럼 겁에 질려 무섭다

하늘 문 열어 놓고 끝없이 보이시며
무한한 주님 뜻을 만 가지 형상 이뤄
인간이 깨닫지 못할 무수한 것 보이네

어한이 벙벙하다 모두가 같은 모양
줄줄이 간격 이뤄 사원을 세운 듯이
희귀한 깊은 늪 속에 장황하게 서 있다

손으로 빚은 듯한 형상들 바라보니
갖가지 기암 석에 소름이 돋는구나
하나님 권능의 숨결 무궁무진 하다네

대로를 펼침같이 천 길의 낭떠러지
세상에 하늘 뜻 새겨 궁창에 두심인가
하나님 말씀 귀한 걸 아로새긴 것 같네

추억의 향기

둔덕에 올라서서 시야를 바라보니
강언덕 켄터키주 옛 모습 여전하고
강바람 스치는 곳에 강변도로 멋있네

옆으로 돌아서면 에덴팍 널려있고
오르고 또 오르면 눈높이 능선마다
황홀한 물결 속에서 봄의 향취 넘친다

빛나는 신시내티 아롱진 거리마다
꽃물결 넘쳐나고 민심도 아름답다
온 세계 젊은 꿈 찾는 교육도시 최고라

언덕에 올라서면 시내가 훤히 보여
빼곡한 건물마다 옛 문화 정서 깊고
강 다리 눈에 어리는 아름다운 도시라

추억에 젖은 사랑

바람결 꽃길 따라 온갖 꽃 향기롭고
에덴의 동산 속에 시원한 물길 솟고
그 이름 신시내티 아름다운 에덴팍

이곳에 둥지 틀고 십여 년 하루같이
철 따라 피는 꽃과 나무를 속삭임도
강물에 비추는 물결 굽이굽이 흐른다

조각배 띄우듯이 사연도 띄워봤네
강산도 변했건만 그 모습 여전하고
그 사랑 가슴에 담고 떠나온 지 십여 년

새벽길 오 분 거리 동산에 오르면서
하나님 말씀 속에 주 음성 들어가며
자연에 들리는 음성 이 마음을 울렸네

검은 산맥 오르며

암흑의 장막 같은 준령을 넘어간다
수목은 한 점 없고 불볕만 내리쬐고
무더위 지친 눈길에 검은 산 만 따르네

계곡의 웅장함은 철갑을 두른 듯이
신비론 산성마다 대작을 이뤘구나
놀라운 신의 솜씨가 감탄이 절로 난다

신비한 걸작품들 짙검게 드리웠고
어둔 빛 앞을 가려 적막함 끝이 없는
모래 위 사막 벌판은 메마른 땅 뿐여라

시커먼 너울을 쓴 끝없는 험준 산맥
사막길 둘러 가며 드높이 차 있구나
무정한 검은 바위산 냉한 가슴 정 뗀다

무정타 원망마라 말없이 흐느낀다
빗물이 쏟아져도 옷 한 벌 못 적시고
몸뚱이 벌거벗은 몸 시커멓게 타누나

푸른 옷 곱게 입혀 온갖 새 날아들어
애기 둥지 어미 둥지 예쁘게 집을 짓고
내 몸에 기대어 놀면 그 얼마나 좋겠냐

사랑을 품고, 파도 시커먼 재가 되어
몸뚱이 석고 되어 꼼짝도 못 하는 맘
하늘만 바라보면서 굴뚝처럼 서 있다

구름도 비껴가고 빗물로 쫓겨가고
어이해 옷자락은 검게 탄 돌이 됐나
밤하늘 무수한 별도 반짝이며 노는데

햇님도 눈 감으며 거슬려, 비껴갔나
이 슬픈 자연법칙 암흑만 실어놨네
빛으로 오신 주님은 타는 가슴, 숨기나

산수절경 돌아보며

내 사는 신시내티 경치도 아름답다
무성한 초목들과 수려한 강물 따라
켄터키 오하이오주 마주 보는 도시다

시야에 펼쳐지는 도심지 바라보니
싱그런 산천초목 하늘에 차오르고
온갖 것 볼거리 많은 아름다운 곳이라

옛 문화 꽃피우던 강 건너 도심지는
산경도 아름다운 향토의 보금자리
비행장 가까운 거리 꿈이 솟는 것 같다

공원길 들어서면 환상의 도가니라
음악당 멋진 풍경 숲속은 낙원 같고
온갖 새 합창 소리는 내 심금을 울리네

언덕 위 숲속에는 박물관 둥지 틀고
Eden Park 텃밭에다 울타리 막아놓듯
희귀한 온갖 보물들 가득 채운 곳이다

삼각지 팔 벌리고 팔각정 품어주며
중앙에 두른 운치 녹색의 바다 같다
치솟는 빛난 물기둥 은빛 날개 같구나

식물원 열대식물 천정을 뚫 것 같고
사철을 향기 가득 장안의 꽃가마라
눈길에 마주친 얼굴 환호성이 터진다

곳곳에 향취 품은 낭만의 호숫가엔
물오리 떼지어서 상춘객 반겨준다
해맑은 하늘 선상엔 흰 구름도 반기네

강물은 흘러가며 옛 얘기 들려주듯
임 숨결 차고 넘친 아늑한 품속에서
인생길 파노라마도 숨 쉬는 물결 같네

숨 쉬는 곳곳마다, 님의 향 숨결이요
천상에 향기로움 지상에 펼침 같이
모든 것 사랑으로만 듬뿍 안겨주셨네

아! 자랑스러운 나의 조국

유구한 역사 지나 오늘에 이른 한국
세계에 우뚝 솟은 경제의 대국이라
산천의 경지까지도 대한민국 최고라

만 가지 극치 이룬 내 나라 문화시설
천만인 수만 가지 제격을 자랑하고
어디나 손꼽히는 곳 최고 등급 탑이네

산과 들 보배로운 문화의 전당 같고
하늘이 내린 축복 이땅의 명지여라
역사에 길이 빛나는 보물창고 같구나

샘물이 솟아나듯 생기가 넘치는 곳
오대양 육대주에 한반도 지름길이
어찌나 아름다운지 절로나네 감탄이

꽃피는 사시절에 삼 면에 수산 보고
시냇가 물빛 나고 강 따라 곡창지대
푸르른 만고강산에 절기마다 새롭다

이 땅에 길이 빛날 명품 중 빛의 보배
저마다 가진 소질 열국에 최고라네
온 세계 한국 열풍이 구름일 듯, 하여라

꿈 많던 한국인들 세계를 주름잡고
한류 풍 우뚝 세워 국위를 선양함은
오늘에 이른 축복이 하나님의 은혜라

세상에 으뜸가는 내가 본 나의 조국
지성은 산과 같고 영성은 하늘 솟는
조상의 뿌리 깊은 곳 활짝 핀 꽃과 같네

이토록 아름다운 삼천 리 금수강산
민족의 인향만리 천하를 뒤흔들고
어디나 환영받는 곳 환호성이 크도다

만국을 통치하는 여호와 하나님을
우뚝이 솟은 나라 빛나게 하셨구나
다민족 끌어안으며 길이 공존 하라네

소나무

추풍에 낙엽 져도 늘 푸른 소나무야
등걸에 나이테만 겹겹이 싸여가며
긴 세월 바람 잡으며 세월 쫓아가느냐

산등성 구름 잡듯 태양 볕 사로잡아
비구름 몰아쳐도 양 날개 춤을 추며
설한풍 눈 속에서도 푸른 날개 치솟네

지친 몸 부여잡고 억만년 얼을 새겨
순결한 향기 품고 청산에 묻혔구나
계절풍 털어가면서 절개 지켜 가누나

계룡산의 정기

계룡산 정기 받아 도인의 최고경지
학문의 일맥상통 우주의 오륜까지
초능력 철인이 되어 한 시대를 열더라

온산에 계곡마다 푸른 숲 맑은 물에
신선의 정기 품어 산새는 요람하고
기풍이 절묘하여서 품는 자가 많더라

천하에 산새 깊어 맑은 물, 생기 품고
온산에 절경 둘러 삼천 리 맥을 이어
명산의 정기 내리어 계룡 명산, 이더라

계룡산 목탁 소리

절간에 목탁 소리 온산에 울리는데
스님들 맑은 물에 목욕제 하여가며
산채 물 나물밥 먹고 마음 수양, 하더라

산 계곡 구비 마다 천상단 차려놓고
절간이 무색하듯 무녀들 왕성하여
큰 자리 다투어가며 자리 지킴 하더라

망태기 둘러메고 김삿갓 행세하며
관세음 아미타불 온마을 목탁 치며
대문간 드나들면서 시주 동량 하더라

계룡산, 운치

옛 성터 풍수지리 신도안 도읍지라
궁궐터 자리 잡고 성터를 다듬더니
정도령 소문만 풍성 대궐터만 남더라

울창한 계곡마다 산울림 쾌적하고
큰 바위 온산 둘러 산맥이 범상하여
산수의 절경을 찾아 천 리 길도 오더라

계룡산 상상봉에 가파른 계곡마다
수려한 산맥 이어 병풍을 둘러친 듯
봉마다 고적 새겨서 금수강산 이라네

강산에 풍월객은 사시철 소풍객에
산맥이 구름 둘러 달빛에 드리운 듯
금상첨화 만고풍상은 구름 잡듯 하더라

풍월 같은 남북통일

정세는 격동하고 민심은 흉흉한데
경제는 파탄 나서 온 국민 아우성에
돌풍에 몰아친 정세 비틀대며 흔드네

설치는 풍악 놀이 함성이 뒤흔드니
천정이 무너질 듯 고통에 젖은 민심
아픈 자 몰라주는가 안타까운 맘일세

남한의 자유 평화 북한의 독재정권
이 어찌 한나라에 두 주인 섬길 텐가
분단의 세월만 가고 남북통일 뿐일세

남북이 별개인데 일치는 못 하는데
시국의 평천하는 옛 얘기 풍월 같고
망국의 침체 정국을 닮아서야, 되겠나

황천객 참상

지독한 전염병은 사계절 끌어안고
코비드 세찬 바람 휘몰아, 치는구나
병들어 눈을 감아도 얼굴조차 못 보네

전 세계 인구박멸 참담한 세상이네
의술도 최고인데 전염병 작열하고
한세상 지날 적마다 어이 감당하리요

개돼지 전염병에 무더기 파묻더니
지하수 오염되어 생명에 접근하나
금 같은 생명줄마저 어둠 속에 묻히네

한세상 부귀영화 거품에 불과하고
단번에 날아가는 큰 환난 접하면서
인생길 무상한 세월 타는 가슴 애달다

희망가

아픈 세상 두었다고 세상을 비관 마라
펜데믹 세상 보며 인생길 좌절 마라
두 주먹 불끈 쥐고서 용기 내서 살아라

울분이 솟는다고 인생길 싫어 마라
내 맘에 깊은 상처 어둠만 깊어진다
그대의 영혼 속에서 얼음장을 녹여라

빛바랜 슬픈 역사 고난도 한 시대라
희망의 날개 펴서 참 소망 품어보자
밝은 날 네 앞길 펴서 생의 자국 빛내라

구름이 걷힌 하늘 소망이 다가온다
소통의 발걸음이 흥겹게 솟아나듯
햇빛이 밝게 빛나면 인생길도 열린다

코비의 비극

눈시울 적신다고 그 누가 알아주리
병들어 누운 자리 통탄에 꺼지는데
단 한 번 왔다가는 길 주님 품에 가야지

빈자리 누울 적에 희망도 있었다만
고통에 여윈 가슴 시들어서 메말랐네
금수저 놓던 밥상이 꿈이었나 싶구나

세상을 떠난 친구 눈물로 작별하며
맘 시린 손짓 내려 훗날을 기약했던
주님이 계신 곳으로 훨훨 털고 가시오

경자야 가거라
- 2020년 이별

코로나 찢긴 상처 만신창 되어가며
찬바람, 몰아치는 찬 겨울 한복판에
얼은 몸 움츠리면서 쫓겨가듯 떠나네

열두 해 고갯길이 지치고, 멍들었나
창궐한 팬데믹에 달려서 온 경자년은
구박만 받아 가면서 설움 안고 떠났네

폭풍이 몰아칠 때 땅덩이 둘러 없고
불덩이 치솟았고 불벼락 광란해도
지구가 신음하듯이 경자년을 보낸다

경자년 잘 가거라 다시 올 그해에는
행복의 바이러스 힘있게 몰고 오면
이 세상 너를 반겨서 기쁨으로 맞으리

온 세상 빛의 광채 지구가 빛나리라
평화의 깃발 들고 주님을 맞이하며
사랑의 마음 열고서 주님 찬양 하리라

제 4 부

세상 풍조

세상 풍조

온 세상 다 얻어도 내 모양 어설프면
폼 잡고 가는 세월 뜬구름 잡는다네
어느 게 내 건지 몰라 눈길 흐려 지더라

뜬구름 잡고 가는 고달픈 인생들아
세상의 부귀영화 구름 속 너울인데
태양이 빛나는 아침 안개 속에 묻힌다

인생길 걸음마다 가는 길 다 달라서
심중에 막힌 담이 가슴에 멎었더라
세월아 내 발자취에 헐은 담을 쌓거라

꿈의 요람, 우주

달나라 꿈을 꾸던 그 시대 좋았어라
우주가 공활한데 천체가 보인다나
끝없는 허공을 넘어 달나라도 갔다네

옛 시대 꿈을 넘어 억만리 돌파해서
돌 한 줌 갖고 와서 눈요기 하던 그때
땅에서 풍기는 요람 꿈이런가 했노라

지금은 천체 만체 꿈속을 넘었구나
인간의 두뇌 현상 컴퓨터 뛰어넘어
한세대 지나고 나면 또 무엇이 발할까

그 옛적 보따리 장사

등 뒤에 무거운 짐 등짝이 무너지듯
사는 길 고달픔에 사연도 업고 갔네
긴 터널 한숨, 지면서 고갯길을 넘더라

동여맨 허리띠로 수십 리 발길 걷고
양팔의 무거운 짐 가파른 고뇌의 길
희망의 꿈을 안고서 생의 자국 남겼다

자식들 희망의 꿈 부모 맘 고진감래
세월을 달래면서 사랑을 싣고 갔네
긴 세월 발걸음마다 아침 햇살 뜨더라

풍월에 걸, 맞춰서 세월을 안고 가듯
희망의 발걸음이 축복의 발길 됐네
성공의 다리가 되어 형통한 길 열었다

옛 시골 장터

오일장 시골 장터 십리 길 멀지 않고
꼴망태 짊어진 짐 장터에 벌려놓고
온 지역 낯익혀가며 장 나들이, 하였다

노친들 김을 매서 장터에 꽈리 틀고
시장길 만난 사람 억수로 반기는 맘
한 움큼 더 깊은 정에 다음 장을 기렸다

긴 세월 바람 재며 오가던 깊어진 정
고달픈 아낙네의 애환을 달래주듯
세월에 젖은 가슴은 물레 잣듯 하더라

수십 리 자갈길이 온종일 뙤약볕에
짊어진 보따리가 장대비 적시어도
돌아간 발걸음마다 사랑 쌓는 길이었다

한가위 추석 명절

조상의 얼을 이어 후손들 함께 모여
묘지에 벌초하고 햇곡식 추수하여
조상님 흠모하면서 진수성찬 드렸다

솔잎에 송편 찌고 온갖 것 햇과일에
웃어른 공경하는 최고의 명절이라
후손의 가문 맥 이어 길이 보전 하더라

계절은 천고마비 온 들녘 황금물결
풍년의 신바람에 풍악을 울리면서
온동리 경사 축제는 팔도강산 덮더라

객지에 나간 자식 명절에 만난 기쁨
부모님 자식 사랑 별미를 만들면서
살아온 시린 가슴을 한가위에 풀더라

할아버지

상상도 할 수 없는 문맹자 많던 시절
낫, 놓고 기억, 자도 모르고 살던 시대
손가락 세어가면서 숫자계산 하더라

그 시대 대학자로 명성이 높으신 분
온 지역 문하생들 스승님 할아버지
수많은 가르침 위해 일평생을 바쳤네

계룡산 상상봉에 추운 겨울 바위 속에
자손을 위한 기도 백일을 마치신 후
몸뚱이 퉁퉁 부어서 등에 업고 왔다네

부모님 묘 옆에다 움막을 지어놓고
삼 년을 지극정성 효자라 명성 높아
나라서 상을 베풀고 효자비를 세웠네

그 시대 학자님들 명패가 새겨진 곳
최고의 학문 경지 성균관 학당였다
조부님 함자 존함을 그곳에 새겼다네

부모님 거지 대접

거지가 밥 달라고 대문간 들어서면
방안에 들어 앉혀 어머님 밥상 들고
아버지 새 옷 일하고 따뜻한 밥 먹였네

아랫목 따뜻한데 앉아서 밥상 받고
아버님 이불 덮어 얼은 몸 풀어주고
아버지 명하신 말씀, 이분 신발 닦아라

꼬질한 고무신을 깨끗이 닦아놓고
마루턱 엎어놓으니 온 동네 소문이나
저 아인 거지 신발 닦는 애라 하더라

그래도 그 시절엔 부모님 슬하에서
형제들 오순도순 이웃과 화친하고
섬김의 예절 배우며 행복하게 살았다

아버지 글 읽는 소리

안방에 글 소리가 집안에 가득 찼고
대문 밖 담 너머에 추울렁 넘어갔다
먼발치 뒷간에서도 글 소리가 들렸다

정자 밑 쉬어가며 한여름 땀 식힐 때
아버지 글 소리는 바람결 타고 놀며
세상에 비친 후광은 춤을 추듯 여울졌다

삼천리 방방곡곡 천지를 휘돌던 때
일평생 쌓으신 공 탑같이 쌓였어라
부친의 함자 소리는 산울림과 같았네

일평생 닦은 지성 약수터 샘물 같고
여운에 남긴 흔적 후손에 비쳐진 글
아들딸 문인 세계로 길이 비춰 주셨네

학교길 점방

학교길 점방 상점 소꿉 방 같았었다
작은집 점방물건 일용품 흔치 않고
싸구려 학용품값도 가난해서 못 샀다

백지가 흑지 되듯 또 쓰고 또 써가며
땅에다 그려가며 닳도록 외웠다네
형님 책 물려 써가며 닳고 닳듯 썼단다

그 옛날 가난 시절 학교길 울고 갔다
학용품 사달라고 보채던 자식 보며
부모님 가슴에 멍든 눈물 짓던 길이다

요즈음 물건들을 넘쳐서 버리는가
가난에 힘든 세월 학용품 모자랐다
가엾은 어린 자식들 우는 것을 봤더냐

장가가던 날

꽃가마 타고 오던 새색시 예쁜 모습
말고삐 등에 앉은 울 오빠 늠름함이
사관무 옷매무새가 임금 행차 같더라

앞마당 치알(천막)치고 축하객 모여들고
경사 난 혼인 잔치 푸짐한 잔칫상에
새 식구 들어오던 날 동네방네 떠들썩

대문 안 들어서는 의젓한 신랑 모습
양반집 도령이라 온동리 입소문이
풍광을 날리던 시절 장가 한번 잘 갔다

가문의 위상

양반가 혼수 감은

가문의 위상이요

예의범절 올바르면

시부모 자랑이라

학문이 출중한 처자

종씨 가문 빛냈다

시집가던 옛 시절

긴 머리 낭자 올려 비녀로 쪽 지우고
분단장 신부 모습 대례복 곱게 입혀
온동리 구경꾼 모여 잔치상을 벌렸다

청실에 홍실 엮어 산 장닭 상에 올려
전통의 예절 약식 혼례식 올릴 적에
맞절에 술잔을 받던 양 가문의 혼사라

새신부 술상 앞에 새신랑 맞절하며
얼굴도 못 본채로 첫날밤 옷고름을
짓궂은 동리 사람들 문틈 뚫고 보더라

새벽닭 잠 깨우면 몸단장 곱게 하고
시부모 아침 문안 공손히 드려가며
대식구 봉양하면서 효부 노릇 하더라

관혼상제 혼례식

양반의 혼례식은

집안의 가풍이라

엄중한 혼례행사

가문의 자랑였다

예식을 치른 후에야

얼굴 모습 보더라

남녀 칠 세 부동석

그 옛날 남녀 칠 세

눈길도 못 맞췄다

고 시대 윤리 도덕

집안의 가풍이라

혼례식 한번 치르면

곁눈질도 못 했다

옛 시대 열녀풍속

시집간 딸자식에

부모님 가슴 치며

그 집안 귀신 되라

인연을 끊듯 했다

버선발 문지방 넘어

쓴 뿌리를 박더라

효부 며느리

울 올케 양반 가문 장안의 귀족이라
영의정 조부모님 마패도 보았어라
아들 넷, 맨 막둥이 딸 애지중지 자랐네

아버님 경관이라 강제로 잡혀가고
일제 시 잔악함을 온 집안 겪어가며
어머님 산바라지로 자식 교육, 시켰다

울 언니 금동이라 힘한 일 안 해 본 터
학문이 출중하여 시부님 조역 돕고
착하고 맘씨 고와서 효부 며느리더라

중년에 사람 팔자 고생도 많았더라
친모님 병석 눕고 시모님 함께 누워
두 분을 병 구원하며 지극정성 모셨다

보물 같은 아들 며느리

불편한 곳 있으세요 여기저기 체크하고
만져보고 두들기며 들쳐 보고 물어 댄다
미안하고 고마워서 몸둘 바를 모르는데
때때로 문안을 와서 상냥하게 웃어 준다

마음에 넘친 사랑 표현할 수 없는 기쁨
지난 삶 생의 여정 깊이 패인 아픈 역사
축복으로 돌려주신 하나님께 감사여라

주님 앞에 이 큰 은혜, 다 갚고서 가야 하네
내가 누린 이 큰 축복 이웃에게 갚아야지
주를 향한 이 마음에 넘쳐나는 기쁨일세

동네 방송 스피커

반장 집 확성기는 온 동네 기쁜 소식
전화기 없던 시절 수신기 스피커다
우렁찬 목소리 듣고 동네 사람 모였다

전기가 처음 나와 소식통 신기했고
온 동리 경사 난 듯 전국에 뉴스거리
이야기 꽃을 피우며 시간 맞춰 들었다

집집이 벽에 달아 스피커 울릴 때면
온 식구 둘러앉아 연속극 볼 적마다
낯설은 목소리 듣고 신기해서 놀랐다

옛적에 조상님들 모진 세월 보낼 적에
가난에 굶주린 배 채우지 못했었다
풍월에 들뜬 사람들 헛바람 좀 빼거라

목욕탕 없던 시절

초가집 살던 시절 목욕탕 없었다네
여름엔 개울가에 겨울엔 물 데워서
묵은 때 베껴가면서 한겨울을 보냈다

일본인 지은 집은 목욕탕이 집에 있어
무쇠 통 걸쳐놓고 목욕물 끓여가며
솔가지 검은 연기가 굴뚝 위로 솟았다

일본인 살다 갔던 교장댁 목욕방에
선생들 목욕갈 제 나도야 따라갔지
선진국 닮아가더니 대중탕이 생겼다

소달구지

농촌의 운반수단 소 마차 짐 나르고
회초리 맞아가며 저항도 못 하는데
등짝에 짊어진 짐은 산더미와 같더라

경기장 힘자랑에 최고 힘 겨루는데
황소 뿔 겨루는 힘 그 시대 자랑이라
경기장 흥을 돋구고 박수갈채 받더라

주인집 효자동이 어미 소 새끼 낳아
가장이 어미 소라 소 인기 대단했고
가산을 일구어 주어 최고 사랑, 받더라

국밥집

시장길 돼지국밥

시장할 때 최고였다

푸짐한 돼지머리

단골집 하나였네

정들고 인심 좋아서

찾는 이들 많더라

벌레떼

이 벼룩 빈대 많아
머리에 석회 끼고

옷에는 이 벼룩에
뱃속엔 기생충에

미국서 약품 들여와
박멸시켜 주더라

뒷간의 역사

똥지게 지고 날든

똥 뜨는 똥바가지

도가니 땅에 묻고

차오른 변을 푸고

옛 시대 뒷간의 역사

화장실로 부르네

똥오줌이 명약이라

죽을병 걸린 자들
명약이 무효일 때
외양간 소똥 오줌
발효 물 먹고 나서
명창이 효험을 봐서
목구멍이 낫다네

사람 똥 코 막고서
발효 물 먹었다네
애들 똥 보약이라
개들도 먹더란다
어른 똥 독이 많아서
짐승들도 도망쳤네

똥지게 비극

똥지게 밭에 부어
곡물을 가꾸더니
똥독이 몸에 올라
몸통이 뚱뚱 부어
백약이 무효하여서
온갖 고생 하더라

사람들 배 속에는
회충이 버글버글
휘발유 한 모금에
뭉텅이 나오더라
그 시대 회충약 없이
기생충이 많더라

제 5 부

꽃중의 꽃

연자방아

부잣집 연자방아

소 어깨 물매 메고

비이빙 돌아가며

곡식알 벗겨가며

커다란 둥근 돌매를

황소가 돌리더라

디딜방아

두 사람 양쪽 서서

시소를 올라타듯

곡식알 모아놓고

쿵더쿵 방아 찧던

발디딤 질, 해가면서

곡식알을 뺐다네

절구통

통나무 깊게 파서 절구통 만들더니
큰 돌로 깎아 만든 돌절구 나왔다네
쇳덩이 불에 달구어 쇠 절구통 됐다오

학독 통

학독에 손돌로 뭉개 알맹이 비벼가며
보리알 가리는 일 아낙네 일이더라
알맹이 건져내어서 보리밥을 지었다

가마 솥뚜껑

가마솥 밥을 짓고 솥뚜껑 사용할 때
장작불 태워 가며 전부침 하던 시절
온갖 것 다 만들어서 잔칫상을 차렸다

전염병

천연두 역병 돌제 떼죽음, 당하였고
예방약 없던 시절 곡소리 만연했다
미국제 비상약으로 목숨 구제, 했더라

구호물자

육이오, 동란 겪고 배고픔 굶주릴 때
온갖 것 구호물자 유엔서 들여오고
나물죽 먹던 시절에 구세주와 같았네

무명옷의 전래

무명옷 없던 시절 붓 대롱에 숨겨온 씨
온 나라 목화 심어 솜이불 덮었다네
문익점 크신 공로가 무명옷의 전래라

신발의 변천

신발이 어디 있나 맨발로 살던 시절
볏집 꼬아 짚신 신고 고무 녹여 신발 짓고
시대의 발자취 지나 온갖 신발 다 있네

쪽 바가지

여편네 바가지는 집안이 개판이라
옹달샘 쪽 바가지 목마름 채우련만
인생의 쪽 바가지는 사막에서 물 찾네

서당 공부

옛 시대 서당 공부 천자문 초석 닦고
보리 때 보리 한 말 쌀 나면 쌀 한 말에
스승님 공경하면서 한문 공부 배웠다

천자문 떼고 나면 푸짐한 음식상에
스승님 대접하고 동료들 화친하며
부모는 스승 받들어 자식 본을 보였다

동문 선습 명심보감 스승님 공경하라
부모님 효도하라 나라와 백성들의
신의를 잘 지키라고 충효 정신 길렀다

자식의 엄한 교육 스승님 최고였다
제자의 본분 지켜 겸손의 미덕 심을
회초리 한 다발, 드려 자식교육 시켰네

서당

서당의 스승님은 천자문 가르치며
학문의 초석 닦아 필력의 인재 되라
회초리 때려가면서 글공부를 시켰다

꽃 중의 꽃

꽃 중의 꽃이라면 사람 꽃 최고다네
최상의 인물 되어 만국에 피어나라
인생길 왔다가는 길 향기 되어 날아라

사랑의 향기

인생길 함께 가는 원앙의 한 쌍이여
참사랑 주님 품에 담뿍 안긴 향기여라
축복의 향기 품으며 꽃길 따라 가거라

옷감 문화

여인네 길쌈 메고 베틀에 옷감 짜고
누에고치 삼베 심어 비단옷 만들더라
밤새워 호롱불 밝혀 옷감 짜던 시대다

명절날

일 년 중 명절날은 비단옷 최고였다
어머님 만들어준 꼬까옷 좋아하며
온 동네 쏘다니면서 옷 자랑들 하였네

울 할머니 신부 단장

시집갈 처녀 앞에 귀밑머리 낭자 올려
꽃 비녀 꽂아주고 얼굴에 분단장에
예쁜 옷 곱게 입히고 예례 준비, 다했다

효도하라

옛적에 효도문화 부모님 잘 모셨다
산 부모 잘 섬겨야 후회는 없으리라
늙기도 서러운 부모 삶의 고초 많단다

효자상

동방의 예의지국 지엄한 부모교육
효 사상 일깨우고 나라님 철칙 세워
백발의 부모님 효도 지극정성 섬겼다

충효 사상

옛 시대 충효 사상 가문에 빛을 냈다
임금께 충성하고 어버이 효도하라
부모님 살아생전에 온 맘 다해 모셨다

물레방앗간

시냇물 끌어다가 물방아 돌아갈 제
쌀보리 곡식들이 찧어져 나올 적에
물방아 돌던 시절에 옛 추억도 많았다

방앗간

동력기 발동기로 쌀보리 찧어낼 때
톱니 밥 피대 소리 요란도 하였어라
귀청이 뚫릴 것, 같은 기계 소리 컸더라

기계방아

전깃줄 사르르르 떡방아 잘도 찧고
온갖 것 자동 작동 현대화 물 탓더라
쳇바퀴 맴돌던 시절 여기까지 왔어라

빨래터

시냇가 빨래터는 아낙네 속풀이라
시린 손 호호 불며 가족들 옷 빨면서
개울가 방망이 추억 빨랫돌에 남겼네

보리 개떡

가난에 찌들어서 먹을 것 없던 시절
밀보리 등겨 가루 밥솥에 보리 개떡
배 골턴 옛사람들은 감지덕지, 했다네

샘문시선 2001
한국문학상 수상 기념 시조집
생명이 흐르는 강

오순덕 제1시집

발행일 _ 2024년 1월 15일
발행인 _ 이정록
발행처 _ 도서출판 샘문
저　자 _ 오순덕
감　수 _ 이정록
기　획 _ 박훈식
편집디자인 _ 신순옥, 한가을
인　쇄 _ 도서출판 샘문
주　소 _ 서울특별시 중랑구 동일로 101길 56, 3층 (면목동, 삼포빌딩)
전화번호 _ 02-491-0060 / 02-491-0096
팩스번호 _ 02-491-0040
이메일 _ rok9539@daum.net / saemteonews@naver.com
홈페이지 _ www.saemmoon.co.kr (사단법인 문학그룹샘문)
　　　　　www.saemmoonnews.co.kr (샘문뉴스)
출판사등록 _ 제2019-26호
사업자등록증 등록 _ 113-82-76122
샘문사이버교육원 (온라인 원격)-교육부인가 공식교육기관 _ 제320193122호
샘문평생교육원 (오프라인)-교육부인가 공식교육기관 _ 제320203133호
샘문뉴스 등록번호 _ 서울, 아52256
ISBN _ 979-11-91111-59-0

본 시집의 구성은 작가의 의도에 따랐습니다.
이 책의 저작권은 저자와 도서출판 샘문에 있습니다.
무단 전재 및 표절, 복제를 금합니다.

파손된 책은 구입처에서 교환해 드립니다.
본지는 한국간행물 윤리위원회 윤리강령 및 실천요강을 준수합니다.

문집 출간 안내

도서출판 샘문 에서는

베스트셀러 명품브랜드 〈샘문시선〉에서는 각종 시집, 시조집, 수필집, 동시집, 동화집, 소설집, 평론집, 칼럼집, 꽁트집, 수상록, 시화록, 도록, 이론서, 자서전 등 문집을 만들어 드립니다.
도서출판 샘문에서는 저자님의 소중한 작품집이 많은 독자님들에게 노출되고 검색되고 구매하여 읽히고 감상할 수 있도록 그 전 과정을 기획, 교정, 교열, 퇴고, 윤문(첨삭,감수), 디자인, 편집, 인쇄, 제본, 서점 등록(납품,유통), 언론홍보, SNS홍보 등, 출판부터 발매 까지의 전략을 함께해 드립니다.

📖 출판정보

샘문시선은 도서출판비를 30% 인하 하였습니다. 국제원자재값 폭등으로 인하여 문집 원자재인 종이값 등이 3번에 걸쳐 43% 상승하였으나 이를 반영하지 않았습니다.

- 📢 저자가 필요한 수량만큼 드리고 나머지는 서점 유통
- 📢 시집 표지는 최고급으로 제작함 – 500부 이상
- 📢 제목은 저자 요청시 금박, 은박, 에폭시로도 제작함
- 📢 면지는 앞뒤 4장, 또는 칼라 첨지로 구성해드림
- 📢 본문은 100g 미색 최고급지 사용함(눈 보안용지, 탈색방지)
- 📢 본문 200페이지 이상은 80g 사용
- 📢 저서봉투 – 고급봉투 인쇄 무료 제공
- 📢 출간된 책 광고(본 협회 =〉 홈페이지, 샘문뉴스, 내외뉴스, 페이스북 13개그룹(독자&회원 10만명), 카페 3개, 블로그 2개, 카톡단톡방 12개, 유튜브, 카카오스토리, 인스타그램, 문예지 4개, 문학신문 등)
- 📢 견적 ▷ 인세 계약서 작성 ▷ 기획 ▷ 감수 ▷ 편집 ▷ 재감수 ▷ 재편집 ▷ 인쇄 ▷ 제본 ▷ 택배 ▷ 서점 13개업체 납품 ▷ 저자에게 납품 ▷ 유통 ▷ 홍보 ▷ 판매 ▷ 인세지급
- 📢 출판기념회는 저자 요청시 본사 문화센터(대강의실) 무료 대여 가능(70명 수용가능) 현수막, 배너, 무대 조명, 마이크, 음향, 디지털 빔, 노트북, 줌시스템, 모니터, 컴퓨터, 석수, 커피, 차, 무료 제공
- 📢 저자 요청시 저자의 작품 전국대회에서 수상한 시낭송가가 낭송하여 유튜브 동영상 제작 =〉 출판기념식 및 시담 라이브 방송
- 📢 저자 요청시 네이버 생방송 출판기념회 가능(유튜브 연동) – 네이버 라이브 커머스쇼
- 📢 뒷 표지에 QR코드 삽입가능 – 저자의 작품 시낭송 유튜브 동영상 등(요청시)
- 📢 교정, 교열, 감수, 윤필(첨삭감수), 평설, 서문 등(유명한 시인, 수필가, 소설가, 문학평론가, 항시 대기)

문집 출간 안내

📖 빅뉴스

이정록 시인의 〈산책로에서 만난 사랑〉이 네이버 선정 베스트셀러로 선정 된 이후 〈내가 꽃을 사랑하는 이유〉, 〈양눈박이 울프〉, 〈꽃이 바람에게〉, 〈바람의 애인, 꽃〉시집이 연속 교보문고 베스트셀러에 선정 되고 5권 전부 출간 순서대로 골든존에 등극하였다. 평생 한 번도 어렵다는 자리를 이정록 시인은 5년 동안 5번에 오르고 현재도 이번 2022년 5월경에 출간된 [바람의 애인, 꽃] 영문판과 [담양장날]이 출간을 기다리고 있다

〈서창원 시인, 2회〉, 〈강성화 시인〉, 〈박동희 시인〉, 〈김영운 시인〉, 〈남미숙 시인〉, 〈최성학 시인〉, 〈이수달 시인〉, 〈김춘자 시인〉, 〈이종식 시인〉 외 한용운문학상 수상 시인인 〈서창원 수필가〉, 〈정세일 시인〉, 〈김현미 시인〉가 올랐고, 2022년 올 봄에는 〈정완식 소설가〉「바람의 제국」이 소설집으로는 최초로 「네이버 선정 베스트셀러」 반열에 올랐고, 〈이동춘 시인〉에 「춘녀의 마법」 시집이 「네이버 선정 베스트셀러」 반열에 올랐다. 그리고 컨버전스공동시선집과 한용운공동 시선집도 간간히 베스트셀러를 하고 있는 〈베스트셀러 명품브랜드〉「샘문시선」 이다.

〈샘문시선〉은 〈베스트셀러_명품브랜드〉로서 고객님들의 〈평생가치를 지향〉하는 〈프리미엄브랜드〉입니다. 고객이신 문인 및 독자 여러분, 단체, 기관, 학교, 기업, 기타 고객분들을 〈평생고객〉으로 모시겠습니다. 많은 사랑 부탁드립니다

📖 샘문특전

📢 교보문고, 영풍문고, 인터파크, 알라딘, 예스24시, 11번가, Gs Shop, 쿠팡, 위메프, G마켓, 옥션, 하프클럽, 샘문쇼핑몰, 네이버 책, 네이버쇼핑몰, 네이버 샘문스토어 등 주요 오프라인 서점, 온라인 서점, 오픈마켓 서점에서 공급 및 유통하고 있습니다.

📢 기획, 교정, 편집, 디자인에 최고의 시인 및 작가, 편집가, 디자이너, 평론가, 리라이팅(첨삭 감수) 및 감수 전문가들이 참여하여 감성, 심상이 살아 있는 시집, 수필집, 소설집, 등 각종 도서를 만들어 드립니다.

📢 인쇄, 제본, 용지를 품질 좋은 우수한 것만 사용합니다.

📢 당 출판사 〈한용운공동시선집〉, 〈컨버전스공동시선집〉과 〈한국문학공동시선집〉, 〈샘문시선집〉을 자사 신문인 〈샘문뉴스〉와 제휴 신문인(내외신문), 글로벌뉴스와 홈페이지(2군데), 샘문쇼핑몰, 네이버 샘문스토어, 페이스북, 밴드, 카페, 블로그를 합쳐서 10만명의 회원들이 활동하는 SNS 20개 그룹 공개 지면 및 공개 공간을 통해 홍보해 드립니다.

📢 당 출판사를 통해 국립중앙도서관 및 국회도서관 및 전국 도서관에 납본하여 영구적으로 보존해 드립니다.

📢 당 문학그룹 연회비 납부 회원은 30만원 상당에 〈표지용 작품〉을 제공 받습니다.